대림절 생명 살림 묵상집

버섯처럼

최종수 지음
기독교환경교육센터 살림 기획

신앙과지성사

버섯처럼

발행일 2023년 11월 11일 (초판1쇄)

지은이 최종수
기 획 기독교환경교육센터 살림
펴낸이 최병천
펴낸곳 신앙과지성사
   출판등록 제9-136 (88. 1. 13)
   주소 | 서울시 서대문구 연희로 177 옥산빌딩 2층
   전화 | 335-6579 · 323-9867
   팩스 | 323-9866
   E-mail | miral87@hanmail.net
   홈페이지 | http://www.miral.co.kr

ISBN 978-89-6907-323-5   03230

값 9,000원

※ 펴낸이의 허락 없이 이 책의 전체나 부분을 어떤 수단으로도 이용할 수 없습니다.

"하나님의 모든 창조물을 사랑하라.
그 피조세계 전체와 그 안에 있는 모든 모래알들을 사랑하라.
모든 잎사귀, 하나님의 빛의 모든 광선을 사랑하라.
동물들을 사랑하고, 식물들을 사랑하며, 모든 것을 사랑하라.
당신이 모든 것을 사랑하면,
당신은 모든 것 속의 하나님의 신비를 이해하게 될 것이다.
일단 당신이 그것을 인식하면 당신은 그 신비를 날마다 끊임없이
더 잘 이해하기 시작할 것이다.
그리고 마침내 온 세상을 포용하는 사랑으로 사랑하게 될 것이다."

- 도스토예프스키의 『카라마조프가의 형제들』 중에서 -

"우리는 한 알의 모래에서 우주를 보고
들판에 핀 한송이 꽃에서 천국을 본다.
그대의 손바닥에 무한을 쥐고 찰나의 시간 속에서 영원을 보라."

- 윌리엄 블레이크의 『순수의 전조』 중에서 -

펴내며

대림절입니다. 여러분은 누구를 무엇을 기다리고 계십니까? 가장 낮은 곳으로 오셔서 세상을 밝히신 주님을 기다림이, "숲속을 그리움에 가득한 눈길로 걷다가 새로운 생명체를 만나 환호를 지르는 일"이 되면 얼마나 좋을까요. 우리의 기다림이 적막한 산속에서 생전 처음 만나는 버섯 한 송이에 탄성을 지르는 일이 되길 바라며, '버섯처럼' 묵상집을 준비했습니다.

이번 대림절은 2023년 한 해의 마무리와 2024년 새로운 한 해의 시작이 되는 시기입니다. 올해로 다섯 번째 나오는 대림절 생명살림 묵상집의 제목은 '버섯처럼' 입니다. 오랫동안 창조세계 안에서 새로이 만나온 버섯들의 이야기가 담겨 있습니다.

> "버섯은 굳이 양분을 생산해 내려고 애쓰지 않는다. 이미 있는 버림받은 낡은 것들을 다시 활용하고, 자기 일을 마친 다음에는 다시 지구(땅)로 되돌리는 일을 한다. 세상에 커다란 짐이 되는 쓰레기들을 처리해 주는 것이다. 그

쓰레기를 분해하여 비옥한 흙으로 만들어준다. … 비옥한 흙을 만들어 내면서 흙을 재생하는 일을 태초부터 지금까지 누구 하나 알아주는 이도 없는데 여태 소리 없이 수행하고 있다. 하나님의 명령, 곧 땅을 잘 돌보고 가꾸고 보존하라는 명령을 수행하고 있는 것이다"

이들 버섯 이야기를 묵상할 때는, 늘 그랬듯이 하루 하나씩 묵상하되, 적어도 한 주에 한 번은 하나님과 내가 함께 거닌다는 생각으로, 미리 시간을 내어 숲길 물길 마을길을 걸으며 묵상할 것을 권합니다. 곁에 있는 분들과 함께 거닐어도 좋습니다. 다만 일정한 거리를 두고 홀로이 침묵 가운데 걷는 시간을 갖기를 바랍니다. 신음하는 창조세계로 다시 오고 계신 주님을 깊이 만나리라는 기대감으로 걷기를 청합니다.

한 번쯤은 숲길을 걸으면서, 죽어가는 나무나 낙엽을 분해하면서 양분을 얻어 살아가는 버섯도 새로이 만날 수 있을 것입니다. 버섯은 하나님이 만들어주신 자연 속에서 묵묵히 본연의 역할을 해내고 있습니다. 그러한 버섯을 만나게 되면, 잠시 멈추어 '자세히 오래' 바라봐주며 반갑게 인사하시길 바랍니다. 그러면 그 자리에서, 오시는 주님 곧 창조주 하나님의 경이로움과 그의 아름다운 창조세계에 감탄하게 될 것입니다.

바라기는, 우리가 모두 이번 대림절 동안, 버섯을 관찰하고 묵상하는 가운데, 숲의 제일 밑바닥에서 본연의 역할을 충실히 해내고 있는 버섯처럼, 조용한 숲속 적막 가운데 오롯이 의연한 자세로 무리 지어 돋아 있는 버섯처럼, 하나님이 지어주신 자연 그대로의 모습으로 돌아서게 되길 소망합니다. 지금도 주님은 하나님 사랑받을 자격 없이 길 잃고 헤매는 우리만이 아니라 창조세계 곧 온 세상을 위해 오고 계십니다. 아니 이미 이 땅 창조세계의 아픔을 넘어 새 일을 시작하시고 치유의 기쁨의 자리로 초대하고 계십니다. 이 '버섯처럼' 묵상집이 여러분과 함께 주님 주시는 그 기쁨을 누리게 하리라 기대합니다.

기독교환경교육센터 살림
공동대표 이광섭 정성진 김경은 김은혜 이숭리

차례

펴내며 · 4

들어가며

　오실(臨) 그분을 기다리며(待) · 9

대림절(待臨節, Advent)

🍄 첫째 주: (사람의 몸으로 이 땅에 오신 하나님) 예수님을 그리며

　일_ 끝없이 이어지는 생명이야기 ················· · 22
　월_ 생태학적 회심, 그리고 야생버섯 관찰 ········· · 25
　화_ 상리상생의 아름다움 ······················· · 29
　수_ 하나님의 사랑과 은총은 풍성하다 ············ · 35
　목_ 독버섯이 주는 교훈 ························ · 39
　금_ 창조에 대한 "긍정의 길" ···················· · 44
　토_ 아름다움의 신비를 만날 때 치유가 ··········· · 48

🍄 둘째 주: 특이한 이야기가 있는 버섯들

　일_ 파리를 잡는 광대버섯 ······················ · 53
　월_ 담배꽁초도 먹는 느타리버섯 ················ · 57
　화_ 웃기는 갈황색미치광이버섯 ················· · 62
　수_ 밤길을 밝혀주는 할로윈호박색화경버섯 ······· · 66
　목_ 생물 해충방제의 길을 여는 동충하초 ········· · 70
　금_ 예쁘고 귀여운 연지버섯 ····················· · 75
　토_ 비타민 C가 풍부한 소혀버섯 ················ · 80

🍄 셋째 주: 버섯과 문화

일_ 버섯과 문화 ··· · 87
월_ 야생버섯 중독의 사회학 ····································· · 92
화_ 목이와 반유태주의 ·· · 98
수_ 버섯 이름 붙이기에 얽힌 이야기 ······················ · 104
목_ 균환과 버섯에 대한 미신 ···································· · 111
금_ 마법의 버섯에 얽힌 이야기 ································ · 115
토_ 광대버섯 성탄장식과 산타클로스의 비밀 ············ · 119

🍄 넷째 주: 버섯으로 지구 다시 살리기

일_ 버섯을 이용하여 독극물 걸러내기: 마이코여과법 ··· · 128
월_ 버섯으로 산림 공동체 유지하기: 마이코산림관리 ····· · 132
화_ 버섯으로 독극물과 오염물질 분해하기: 마이코치료법 ········· · 135
수_ 화학 살충제 대신 해충 통제하기: 마이코살충법 ············ · 139
목_ 토양균류가 기후변화를 막아준다 ·························· · 143
금_ 버섯으로 온실가스 배출 줄이기 ························· · 147
토_ 무지개색 천연염료용 야생버섯들 ························ · 151

버섯관련 쓰임말 풀이 · 157
생태정의 6원칙 · 159
참고자료 목록 · 161

들어가며

오실(悟實)
그분을 기다리며(待)

침엽수불로초(쓰가불로초) *Ganoderma tsugae* Murrill 유균

죽음에서 돋아나는 생명의 신비 앞에서

버섯이 돋아 있는 숲은 고요하기만 하다. 때로 사슴이 뛰고, 산새가 지저귀며, 졸졸졸 흐르는 시냇가에 이름 모를 꽃들이 소리 없이 피어나고 있다. 거기 앉아서 신기하게 돋아 난 버섯을 관찰하노라면 하나님의 창조 솜씨에 새삼 놀라고, 이 세상의 생명을 가진 것 가운데 버섯만큼 신비로운 것이 또 있을까? 싶기만 하다. 버섯을 관

찰 연구하면 할수록 하나님의 창조 신비와 그 오묘한 손길에 놀라지 않을 수 없다.

조용한 숲 속, 적막 가운데 오롯이 의연한 자세로 무리 지어 돋아 있는 버섯을 보면, 때로 경외감(awesome feeling)을 느낀다. 전혀 버섯이 돋을 법하지 않던 곳이나 상황에서도 조건(영양, 습도, 온도와 통풍)만 갖추어지면 무성하게 돋아나는 버섯을 볼 때마다 무(無)에서 유(有)를 창조한다는 생각을 떨쳐버릴 수 없다. 참으로 버섯은 없는 곳에서 있게 되는 신비한 것이다. 버섯은 어느 목사님의 시적인 표현대로 "고목(古木)에 핀 하얀 꽃"이다. 말하자면 죽음에서 돋아나는 생명이라는 뜻이다.

과립말뚝버섯(임시이름, 한국 미기록종)
Phallus ravenelii Berk, & Curt. 영어이름 Ravenel's Stinkhorn 머리 부분에 초록색 점액질은 고약한 냄새를 풍겨서 파리나 곤충들을 불러 빨아먹게 하고 곤충의 몸에 붙은 포자를 여기저기 날아다니면서 퍼뜨려주게 된다.

모든 생명형태가 다 기적(奇蹟)이지만, 버섯은 기적 가운데 기적이다. 무궁무진한 하나님의 비밀을 지닌 것이 버섯이다. 생명의 신비, 미세한 가루(포자 spore)에서 시작하여 다시 그 미세한 가루로 돌아가는 버섯, 그 버섯은 자기 과시가 없다. 그늘진 곳에서 억만년을 두고 홀로 피어나 저 홀로 삭아든다. 꽃처럼 아름다움을 한껏 뽐내어 벌이나 나비를 부를 필요도 없고 강렬한 향기를 뿜어내지도 않는다. 말뚝버섯(Stink Horns)처럼 단지 고약한 냄새를 풍겨 파리를 부를 뿐이다. 버섯은 굳이 양분을 생산해 내려고 애쓰지 않는다. 이미 있는 버림받은 낡은 것들을 다시 활용하고, 자기 일을 마친 다음에는 반드시 이 지구(땅)에 되돌리는 일을 한다. 세상에 커다란 짐이 되는 쓰레기들을 처리해 주는 것이다. 그 쓰레기를 분해하여 비옥한 흙으로 만들어준다.

　버섯관찰의 묘미는 세상 처음부터 거기 제자리에 홀로 존재하였을 그 경이로움(wonders) 때문이다. 그 경이로움을 보지 못하던 눈이 열린 것이다. 비옥한 흙을 만들어 내면서 흙을 재생하는 일을 태초부터 누구 하나 알아주는 이 없이 아무도 모르게 소리 없이 수행하고 있다. 숲 속의 여러 주인공들 가운데 버섯은 하나님의 명령, 곧 땅을 잘 돌보고 가꾸고 보존하라는 명령을 어김없이 수행하고 있는 것이다(참고: 창세기 1:28, 2:15).

　이렇게 버섯의 신비에 대한 감탄은 곧 종교경험 가운데 하나라고 볼 수 있다. 버섯의 아름답고 멋진 모습, 그 다양함, 저마다 지닌 비밀과 그 모습의 찬란함에 감탄이 저절로 우러난다면 그것은 종교경험의 경지라 아니할 수 없다. 이러한 버섯이라는 존재들을 있게 만든 그 힘에 대한 감지(感知)는 분명 종교적 경험이다. 그러므로 버섯관찰은 하나의 명상행위, 기도행위라고 불러도 좋다.

가슴 깊이 와닿는 어떤 경이로움, 놀라움, 어떤 무한의 세계로 진입하는 듯 한 이 느낌은 신앙의 경지에서나 느낄 수 있는 경험이 아니겠는가? 버섯이라는 존재가 이 우주 안의 삼라만상 가운데 현존하여 생명의 주기와 순환 속에서 누구 하나 보아주지도 않고 알아주지도 않는 가운데 자기 존재의 역할을 수행하고 있다는 것은 인간의 언어로 다 묘사할 수 없고 표현하기 어려운 신비스러운 일이다.

그래서 버섯관찰은 버섯과 나누는 신비하고 은밀한 대화이며 사랑의 속삭임이다. 서로의 신비를 황홀한 눈으로 바라보면서 그 신비를 하나씩 벗겨내는 사랑의 행위와도 같다. 은밀한 대화를 나누다 보면 때때로 사랑의 극치를 경험하게 된다. 상대를 황홀하게 바라다보며 감탄함 없이 어찌 사랑을 나눈다 할 수 있을까? 뿐만 아니라 버섯이라는 신비한 존재가 말하고 있는 자기 존재의 이야기를 귀 기울여 듣는 행위가 바로 버섯관찰이다. 버섯에 대한 과학적 지식이 늘어나면 늘어갈수록 그만큼 더더욱 버섯의 신비에 매료당하게 된다.

버섯들처럼

　버섯관찰의 묘미는 만남의 기쁨에 있다. 오랜 가뭄 끝에 만나는 한 송이의 버섯을 단순히 우연이라고만 할 수 있을까? 작년(2010년)은 오랜 가뭄의 연속이었다. 산에 가도 버섯 한 송이가 없는 날이 이틀이나 계속될 때에는 그저 숲 속을 걷기만 하였다. 커다란 만남의 기대를 잊지 않은 채 걸었다. 돌아설까 마음이 들다 가도, 아니, 저 쪽에, 저기 저 끝에서 갑자기 무성하게 돋은 버섯을 만날 것이라 기대하면서 그곳으로 다가간다. 가뭄 끝에는 실망만이 기다리지만 그래도 땅만 내려다보며 그저 걷는다.

　생명 만남의 기대를 안고 한 작은 생명, 잘 눈에 띄지 않는 생명체를 찾아 산으로 숲으로, 심지어 죽음이 잠들어 있는 묘지로 헤맨다. 자연의 신비 앞에서는 언제나 넉넉해진다. 서두름 없는 여유가 생긴다. "사람이 가장 외로울 때 찾아가는 곳이 자연"(정호승)이라는데, 그곳에 가면 이웃이 있다. 비록 묘지라 하여도 나를 반겨 맞아 주는 이웃, 버섯이 있다.

　라첼 카슨의 〈꽃〉이라는 시가 있다. "대지는/ 꽃을 통해/ 웃는다"(꽃 전문). 이 시를 읽다가 문득 묘지에서 돋은 버섯을 생각하였다. "버섯은/ 죽음을 통해/ 웃는다."

　어디를 가도 버섯은 돋게 마련이지만, 유독 묘지로 발길이 잦은 것은 웬일까? 옛날 같으면 공동묘지라 하면 무서운 생각이 먼저 들었던 때가 있다. 물론 미국 묘지는 공원 같아서 오히려 그곳에

들어가며

묘지에서 만나는 버섯들. 묘비 앞에 광대버섯들이 여기저기 돋아 있다.

가면 마음이 편안해지기까지 하는 것이 사실이다. 언제나 고요하고 경치도 좋다. 거기다가 그곳에 가면 여러 종류의 버섯들이 심심치 않게 돋고 있다. 묘지에는 온갖 나무들도 많고 또 잘 관리되어 있어서 버섯을 관찰하기에 아주 좋은 곳이다. 특별히 나무가 많기 때문에 느타리버섯과 같은 죽은 나무에 돋는 부생균 버섯이 돋아도 엄청나게 많이 돋는다. 뿐만 아니라 나무의 종류에 따라 그 나무와 공생관계에 있는 균근균 버섯 또한 많이 돋는다. 이 글을 쓰는 사람은 해마다 가을이면 노르웨이전나무 밑에서 광대버섯을 참 많이 만난다. 물론 독버섯이지만 많이 돋기 때문에 시간 가는 줄 모르고 관찰하며 감상하기에 바쁘다.

묘지는 안식처이다. 버섯을 만나러 묘지에 가는 것은 단지 식용버섯을 찾으러 가는 것만은 아니다. 묘지는 영혼의 정화를 위하여 가장 훌륭한 곳이다. 더구나 묘지에 버섯이 돋는다는 사실은 무언지 모르게 삶과 죽음에 대한 차원 높은 것을 생각하도록 만들어 준다. 그래서 버섯은 죽음을 통하여 웃는다고 말하는 것이다. 죽음이 잠들어 있는 곳이 묘지이지만 거기서 아름다운 생명체를 피워 낸다는 것은 아무래도 죽음이 생의 끝이 아니라는 생각을 떨쳐버릴 수 없다.

존 모피트의 시, "어떤 것을 알려면"을 읽어보니 어떤 것에 대하여 알고자 한다면 그것을 오랫동안 바라보아야 하고 바라보는 나는 바로 내가 바라보는 그것이 되지 않으면 안 된다고 한다. 또 진정한 버섯 사냥꾼은 버섯처럼 생각하는 것을 배운다고 한다. 버섯을 알고자 하여 오랜 세월을 바라보았으나 과연 내 자신이 오랫동안 바라보아 왔던 버섯처럼 생각하고 또 그 버섯이 되고자 하였던가? 버섯이 된다고 하는 것은 또 무슨 뜻인가? 그리고 다시 버섯을 곰곰이 살펴보니 내가 그 버섯처럼 되어야 할 것들이 참 많았다. 놀라운 일이다.

죽음에서 생명을, 웃음을 피워내야 하고
쓰레기를 되살려 땅과 흙에 새 생명 활력을 주어야 하고
좋은 것을 혼자만 먹지 않고 나누어 먹는 공존공생을 보여주어야 하고
치명적 독이라도 사람을 일깨우는 일에 써야 하고

지구와 사람을 치유하는 약이 되어야 하고

맛과 향이 좋은 먹이가 되어야 하고

정교한 아름다움으로 그림이 되어야 하고

형형색색 빛나는 채색이 되어야 하고

삶의 이야기를 담아 적는 종이가 되어야 하고……

더 적을 필요가 있을까? 그 가운데 어느 것 하나라도 될 수 있다면 내 생명의, 내 생애의 값어치가 있을 것이다. 참으로 죽음에서조차 웃음을 피어낼 수 있을 것이다. 그래서 버섯들을 만나고 또 만난 버섯들을 오래 바라보기 위하여 묘지를 자주 찾아가는 것이다. 그래서 새해 기도로 이런 다짐을 하게 되는가 보다.

오는 새해에는 버섯이 보여주는 숨은 아름다움 그 사랑에 안겨 살고 싶다.

버섯이 품고 있는 감춰진 신비에 놀라며 그 비밀을 풀어 보고 싶다.

숨은 생명들을 만나 버섯이 들려주는 생명 이야기들을 듣고 싶다.

버섯이 베푸는 넉넉함을 모두 함께 즐기고 나누며 숨은 손길에 함께 하고 싶다.

침묵으로 외치는 자연의 신음소리(롬 8:22) 숨은 경고에 귀 기울이며

버섯이 일러주는 과제를 수행하고 싶다.

오는 새해에는 자연의 순리 따라 서로 살림의 길 따라

버섯을 닮아가며 살고 싶다.

대림절(待臨節, Advent), 첫째 주

사람의 몸으로 이 땅에 오신 하나님
예수님을 그리며

침엽수불로초
Ganoderma tsugae Murrill 미국 솔송나무(*Tsuga canadensis*) 고사목에 돋는다. 항종양, 간 보호, 면역조절 증강과 항산화 항염증 작용 외에도 구리와 수은 해독에 효력이 있어 환경 정화에 이용할 수 있는 약용버섯이다.

버섯에 내재하신 하나님 신비 앞에서

"예수를 죽은 자 가운데서 살리신 이의 영이 너희 안에 거하시면 그리스도 예수를 죽은 자 가운데서 살리신 이가 너희 안에 거하시는 그의 영으로 말미암아 너희 죽을 몸도 살리시리라"(로마서 8장 11절)

태초에 영이 있었다. 이 영은 하나님의 영으로 생명의 출현을 가능하게 한 생명의 원천이며 우주 자연 만물의 호흡(숨)이다. 생명 자체가 신비롭듯 물질 만능주의에 빠져 살고 있는 오늘의 우리에게 영의 존재도 신비자체이다. 하지만 우리가 우주 자연 만물을 눈여겨보노라면 도처에서 영의 임재를 볼 수 있고 또 경험할 수도 있다.

이 글을 쓰는 사람은 오래전에 버섯을 관찰하기 시작하면서 어렴풋하나마 이러한 창조의 영, 생명의 영, 치유의 영을 보기 시작하였고 체험하기 시작하였다. 그래서「자연을 닮은 사람들」(자닮 www.naturei.net)에 "야생버섯의 신비"라는 글을 약 140여 편 연재하였던 것이다. 보이지 않는 저 속에 홀연히 버섯이라는 생명체가 돋아나는 것을 보고 그 생명체가 곧 창조의 영, 생명의 영의 표현이라고 본 것이다.

신비한 생명은 그 자체가 생동(生動), 성장, 힘, 에너지이다. 미국 시인 월트 휘트먼(Walt Whitman)은 기적과 신비에 대하여 말하면서, "풀잎 하나가 별들의 운행에 못지않다"고 하였다. 그래서 그가 펴낸 시집은 평생 단 한 권, "풀잎"(*Leaves of Grass*)이라는 시집 한 권뿐이다. 풀잎 하나가 가진 생명의 기적을 본 것이다. 또 우리나라의 장일순은 "좁쌀 한 알 속의 우주"를 말하였다. 쌀 한 톨 속에도 우주가 담겨있다는 것이다. 참으로 낟알 하나에 담긴 우주의 신비를 누가 다 알 것인가?

　　버섯 종(種)의 다양함, 그 모양, 색깔, 크기, 냄새의 다양함에 놀란다. 어떤 것은 연하고 어떤 것은 질기다. 어떤 것은 땅 위에 자실체를 형성하고 어떤 것은 땅속에 숨어서 모든 식물의 생장을 돕고 있다. 미국 솔송나무가 죽어서 서 있거나 쓰러져 있다. 죽었으니 거기에는 생명이 없는가? 죽은 미국 솔송나무에 붙어 있는 침엽수불로초(쓰가불로초 *Ganoderma Tsugae*)의 무리, 생명이 무리 지어 돋아 있다. 엄청난 치유의 영이 마치 초콜릿색깔을 가진 카카오가루처럼 포자가 되어 침엽수불로초를 뒤덮고 있다. 이 가루들은 죽음에서 또다시 생명을 키워낼 것이다. 죽음에서 피어난 생명, 그것은 경이로울 뿐이다.

　　버섯의 복잡함, 다양함과 함께 모든 존재하는 것과 더불어 상호의존됨을 보여준다. 영이 그 안에 활동하고 있으며 특히 치유의 영이 활동하고 있다. 이를테면 침엽수불로초 하나도 우리에게 활력을 주고 우리를 해치려는 것들, 해로운 박테리아, 바이러스, 종양 같은 것들로부터 우리를 보호하여 면역력을 키워주며 역동적 에너지를 부어준다. 우리가 버섯을 만났을 때 우리는 근원적 치유 에너지

녹황색왕주름버섯(임시이름, 한국 미기록종)
Chrysomphalina chrysophylla (Fries) Clemencon =*Gerronema chrysophylla*와 *Omphalina chrysophylla* 침엽수 고사목에 돋는 드물지만 아주 매력 있는 버섯이다.

와 친교를 나누고 있는 것이다. 우주 만물 모두, 들꽃이나 나무나, 풀 한 포기나 새나 버섯이나 모두 영으로 말미암아 지속적으로 창조(구원), 재창조(치유)되고 있으며 유지되고 있다.

    많은 약용버섯이 사람의 질병만 치유하는 것이 아니라 땅을, 지구를 다시 살려내는 치유능력을 가지고 있다. 그래서 약용버섯이 사람의 질병에 어떤 효과가 있는지를 설명하는 것과 나란히 지구 다시 살리기에 버섯을 어떻게 활용할 수 있는지에 관해서도 함께 말하게 된다. 버섯이 지닌 치유의 영은 지구(땅)도 환경도 다시 살린다. 화학 농약이나 비료나 살충제나 제초제, 거기다가 원자력 발전소의 방사성 폐기물, 나아가서 핵무기 등으로 망가진 지구, 생명력을 잃고 오히려 사람을 해코지하려는 땅을 치유할 수만 있다면 얼마나 좋을까? 지구가 살아야, 땅이 살아야 사람이 산다.

풀잎에 맺힌 이슬, 거기에 친 거미줄이 햇빛에 반사되어 빛난다. 새들의 노래가 들려오자 촉촉한 풀잎이 싱싱하게 위로 뻗을 때 땅 속의 지렁이도 활기를 얻는다. 이른 아침의 평화와 안식, 모든 것이 신성하다. 시원한 바람에 안개 걷히자 거기 여기저기 돋아 있는 버섯들……. 숲 속의 나무들은 이들과 상호관계를 맺으면서 생명을 위하여 필요한 것들을 서로 주고받으며 모든 것들의 소리(이야기)를 듣는다. 설렘과 놀라움과 경탄과 그리고 밀려드는 잔잔한 환희, 나는 지금 거기 하나님의 영, 하나님의 숨결을 호흡하고 있다! 내가 여기 살아있다는 의식에 감사가 솟구친다.

자연 세계의 영적 측면은 가히 절대적이다. 나무들 안에 녹색 영이 뛰놀고 있다. 빙엔의 성녀 힐데가르트(1098-1179)는 만물에게 생기를 주는 에너지, 영으로 침투된 모든 것들이 신성한 녹색으로 나타나 있다고 하면서, 생기(生氣)는 녹색으로부터 온다고 말했다. 지구에, 땅에, 자연에 영성이 있다. 그래서 생태학적 위기는 영적 위기다. 지구, 땅, 자연만물은 거룩하다. 오래전 9세기 중국의 선사 운문(雲門)도 "세상 전체가 의술"이라고 하였다. 그러니 버섯 하나에 내재한 치유의 영을 말하는 것이 미친 사람의 소리는 아닐 것이다!

> 대림 1주 주일

끝없이 이어지는 생명이야기

(시편 19:3-4; 열왕기상 19:12, 세미한 소리)

구멍장이버섯
Cerioporus squamosus (Huds.) Quél. =*Polyporus squamosus* (Huds.) Fr. 영어이름 Deyad's Saddle 이른 봄 버섯이지만 여름, 가을에도 활엽수 고사목이나 때때로 산 활엽수에도 돋는 부생균이자 기생균이기도한 식용버섯으로 맛은 별로 없다. 약용으로 보신 거풍(祛風) 효능이 있고 적응증으로 외상, 요통, 풍습증에 좋다고 한다(박완희).

    숲 속의 버섯들은 다정하다, 슬프도록

    아 거기 홀로 생명이 있다는 놀라움

    우주의 비밀 이야기를 간직한 채 조용하기만 하다.

    오랜 옛날부터 쌓여 온 사연들이 너무 많아

    차라리 저렇게 침묵으로 피어나고 스러지고 또 피어나고 스러지는가 보다.

    깊은 밤 푸른 별들이 그 긴긴 사연에 귀 기울이고

스쳐가는 바람이 귓결에 한 자락 이야기를 안고 간다.
숨은 이야기가 너무 많아 생명 이야기는 한없이 풀어내어도 그 끝이 없다.
그래서 한 작은 생명조차 가슴 설렘 없이 만날 수 없는가 보다.
그래서 새로운 버섯을 만날 때마다 언제나 가슴이 그토록 뛰는가 보다.
생명 이야기를 이어가는 저 깊은 침묵의 몸짓
소리 없이 피어나고 또 흔적 없이 스러진다.
바람이 안고 간 그 이야기가 대를 이어 또 피어나고 피어나는 것,
그것이 버섯 아닌가!

이러한 버섯의 이야기들은 생태정의의 6원칙 가운데 제3원칙인 목소리 원칙(The Principle of Voice)에 부합한다. 지구는 경축할 때는 물론 불의에 대항할 때에도 그 목소리를 높일 수 있는 주체이다. 지구는 생물학적으로 영적으로 살아 있는 주체 또는 실체(living entity)이다. 살아 있는 유기체이자 주체이지 엄격한 법칙으로 다스림 받는 객체 또는 기계가 아니다. 그러므로 그 자체의 이야기를 가지고 있고 또 목소리를 가지고 있다.

지구와 그 안에 있는 모든 존재는 사랑하고 구원하는 언어이며 우리에게 또 서로 말하고 있다. 지구의 언어는 침묵이다. 밤의 침묵, 자궁 안의 침묵, 싹트는 씨앗의 침묵, 웃음으로 활짝 피어나는 꽃봉오리의 침묵, 사막의 침묵…. 그러나 지구는 바다의 거친 물결과 새와 개울의 지저귐과 졸졸 흐르는 소리, 바람의 간들거림 속에

서 말한다. 말이 없고 들리는 소리 없어도 전 우주는 말하고 있다. 지구는 우주 안에서 목소리를 가진 주체이다("생태정의의 6원칙"에 대해서는 Norman C. Habel, *Reading from the Perspective of Earth,* The Earth Bible Volume One, Sheffield Academic Press, 2000, p.24.).

> "언어도 없고 말씀도 없으며 들리는 소리도 없으나, 그의 소리가 온 땅에 통하고 그의 말씀이 세상 끝까지 이르도다"(시편 19:3-4)

 나의 한 줄 기도

구멍장이버섯
갓 표면에 꿩의 깃털 같은 아름다운 무늬가 있어서 Pheasant-back Polypore라는 영어이름도 있다.

대림 1주 월요일

생태학적 회심,
그리고 야생버섯 관찰(창세기 1:31)

주황색창싸리버섯(임시이름, 한국 미기록종)
Clavulinopsis aurantio-cinnabarina (Schwein.) Corner 영어이름 Orange Spindle Coral 여름에서 가을에 걸쳐 땅 위에 돋는 부생균이다. 독성은 없으나 식용불명이다.

6.25 전쟁 중 시골에 있을 때 7월 어느 날 하루는 할머니께서 바구니 하나를 주시면서 뒷산에 올라가 눈에 띄는 대로 버섯을 따오라고 하셔서 따다 드린 적이 있다. 그때 할머님은 내가 채취해 온 버섯을 마당에 쏟더니 식용버섯을 가려내셨다. 그날 저녁에는 야생버섯 요리를 먹었는데 아무도 배탈이 나지 않았다. 그 뒤 그때 왜 할머니로부터 식용버섯 가려내는 법을 전수받지 못했을까 하는 생각을 여러 번 하였다. 그리고 고등학교 시절 예고 없이 언제 시험을 본다 하

버클리장미버섯(임시이름, 한국 미기록종)
Bondarzewia berkeleyi (Fr.) Bondartsev&Singer 영어이름 Berkeley's Polypore 특히 참나무 뿌리 근처에 돋는 부생균이자 기생균으로 1m 크기까지 자라는 상당히 큰 버섯이다. 유균은 식용한다고 하지만 대체로 질기고 맛이 써서 식용하지 못한다.

여도 100점 맞을 자신이 있는 과목이 세 과목이 있었는데 그 가운데 한 과목이 생물이었다.

언제나 여행 다닐 때에 가장 관심이 가는 것은 다른 무엇보다 새로운 지역의 나무나 꽃 같은 식물이었다. 1981년 브라질에 한인교회를 개척하기 위하여 40일간 머물렀는데 돌아와 찍어 온 슬라이드를 비추어 주었을 때 한 분이 내게 소리쳤다. "아니, 온통 꽃이나 나무 밖에 없잖아요?" 그리고 보니 사실이었다. 다른 풍경 보다 온통 식물들 사진이 전부였다.

브라질의 자연은 너무나 아름다웠다. 상파울루에서 리우데자네이루까지 바닷가 도로로 여행하면서 "참 아름다와라, 주님의 세

게는… 망망한 바다와 늘 푸른 봉우리…" 찬송을 새삼 새로운 뜻으로 불렀다. 하나님의 창조에 대한 생태학적 회심을 체험하였다. 성서를 읽는 관점(perspective)이 바뀌었다. 하나님의 구원은 인간만이 아니라 우주 삼라만상 자연을 포함한 우주적 구원(cosmic redemption)임을 깨달은 것이다. 브라질 여행 뒤 특히 관심 갖게 된 분야가 하나님의 창조 즉 환경문제였고 환경문제 끝머리에 핵문제가 걸려 있는 것도 알게 되었다. 점차 하나님의 창조에 대한 관심이 구체화하고 생활의 한 부분이 된 것이 바로 먼 뒷날의 버섯 관찰이었던 것이다.

버섯에 대한 매혹은 지나간 30여 년 살아오는 동안 삶의 활력소와 희망과 의욕과 더불어 신바람 나는 심신의 에너지를 불어넣어 주었다. 돌이켜 보면 야생버섯을 알게 된 것은 종교적으로 말하여 "은총"이라 아니할 수 없다. 버섯에 미치지 않았으면 어떻게 그렇게 자주 산을 타고 고요한 숲 속을 걸으며 맑은 공기를 마음껏 숨쉬면서 때때로 깊은 명상에 잠길 수가 있었겠는가? 야생 버섯을 만나는 기쁨은 바로 그 "만남의 은총"을 만끽하는 순간의 기쁨이기도 하다. 버섯은 하나님이 우리에게 무상으로 내어준 풍성한 선물이며, 그 선물도 온갖 색깔의 기기묘묘하고 아름다운 모습을 가진 신비한 선물이다. 버섯의 깊은 비밀과 그 신비한 차원에 점점 더 깊게 몰입하면 할수록 어떤 신적 임재와 하나님의 창조 솜씨에 감탄하면서 깊은 감사마저 느끼고 있다.

"하나님이 지으신 그 모든 것을 보시니 보시기에 심히 좋았더라 저녁이 되고 아침이 되니 이는 여섯째 날이니라"(창세기 1:31)

 나의 한 줄 기도

....

....

....

이끼꽃버섯 *Gliophorus psittacinus* (Schaeff.) Herink 영어이름 Parrot Waxcap

대림 1주 화요일

상리상생의 아름다움
(고린도전서 10:23-24)

진빨간꽃버섯
Hygrocybe coccinea (Schaeffer:Fries) P. Kummer 영어이름 Scarlet Waxcap 이 예쁜 버섯은 침엽수와 활엽수 혼엽림 땅 위에 돋는 균근균이다 주변에 있는 나무와 공생 관계에서 버섯은 나무에게 수분과 광물질 등 양분을 공급하고 나무는 버섯에게 당분(sugar)을 공급한다. 상리상생의 순리를 우리에게 일러주고 있다.

특별히 숲 속의 활엽수는 해마다 가을이면 엄청난 양의 낙엽을 떨어뜨린다. 그리고 바람이 조금만 불어도 죽은 나무 가지들이 떨어지거나 또는 죽은 나무들이 쓰러져 쌓인다. 그런데도 많은 양의 낙엽과 죽은 나무가 한없이 퇴적하지 않고 어느 정도 일정량을 유지하는 것은 바로 버섯이나 곰팡이 같은 균류와 세균들이 이러한 쌓여만 가는 유기물을 모두 분해하기 때문이다. 쓰러져 죽은 굵은 나무 한 그루가 모두 분해되어 흙이 되려면 20년이나 걸린다고 하니, 말하자면 균류는 숲 속에서 그 일을 오랜 기간에 걸쳐 소리 없이 수행하고 있다.

버섯은 생태계에서 상호 의존관계를 극명하게 가르쳐 주는 좋은 예이다. 자연의 생명주기의 순환을 돕는 귀중한 것이다. 그래서 어느 분이 "만일 세상에 버섯(Fungus)이 없었더라면 이 세상은 나무 쓰레기로 가득 차 있을 것"이라고 하면서, 지구상에 살아있는 생물들이 그 쓰레기 더미에 묻혀 조만간 사라지고 말 것이라고 하였다. 하나님의 창조 가운데 아주 보잘것없고 작은 미물(微物)이라 할지라도, 그 존재의 뜻이 있다는 것을 버섯으로 말미암아 새삼 깨닫게 된다.

숲 속의 건강하고 아름다운 나무들의 생명력은 어디서 온 것일까? 버섯 같은 균류의 눈에 보이지 않는 숨은 공로 때문이다. 버섯은 말하자면 아름다운 나무들의 가장 친한 벗들이다. 이들의 숨은 봉사 덕분에 나무들이 생생하게 자라는 것이다. 버섯을 식물 가운데 하나로 보기 쉬운데, 버섯에는 엽록소가 없기 때문에 탄산동화작용을 통하여 양분을 만들어 낼 수 없다. 그래서 기존(既存)의 양분을 가진 다른 유기물, 이를테면 나무나 곤충 또는 분(糞) 같은 것에 의존할 수밖에 없다.

버섯은 죽은 나무나 뿌리에 돋기도 하지만(부생균), 산 나무나 뿌리 또는 곤충에 돋아 기생하기도 하고(기생균), 또는 나무뿌리 근처에 붙어서 나무에게 수분과 인이나 질소와 같은 무기영양분을 공

미국 송이
Tricholoma magnivelare (Peck) Redhead 영어이름은 Matsutake 또는 Pine Mushroom.
Photo Credit: Taylor F. Lockwood. 이 분은 세계적으로 유명한 버섯 사진 전문 작가이신데 이 귀한 사진을 빌려주셨다. 송이향은 민달팽이를 쫓는다고 한다.

급하고, 대신 나무로부터 버섯은 당분을 얻으면서 공생하는 것도 있다(균근균 즉 공생균). 그래서 버섯의 균사는 나무뿌리의 연장이라고 할 수 있다. 식물의 90%가 2,500여 종의 버섯 균사와 공생 관계에 있다고 한다.

그래서 과학자들은 오랜 옛날 물속에서 살던 식물이 물 위로 올라와 육지에서 살게 된 계기를 만든 것은 버섯과 공생관계를 맺은 때문이었다고 한다. 버섯이라고 부르는 자실체는 단기간 생존하지만 땅 밑에 있는 버섯의 뿌리라고 할 수 있는 균사는 여러 해 살아있다. 그래서 해마다 같은 시기에 같은 곳에서 똑같은 버섯을 채취할 수 있다. 해마다 9월경 뻗어가기 시작하는 소나무 잔뿌리 가까이에서 소나무와 공생관계를 유지하는 송이버섯 같은 경우가 그 좋은 예이다.

가만히 생각해 보면 모든 생물이 다 그렇다. 버섯은 우리가 상호 의존하는 존재임을 일깨워 준다. 버섯은 생태정의의 6원칙 가운데 제2원칙 상호연결 원칙(The Principle of Interconnectedness)을 가장 잘 보여준다. 우리에게 생태계의 상호 의존관계와 주고받음의 중요성을 일깨워 주고 상생의 아름다움을 알려주는 것이다. 말하자면 버섯의 생태는 우리에게 상생의 지혜를 일러준다. 물론 살아 있는 나무뿌리에 붙어사는 균근균(공생균) 버섯들은 결코 서로를 해치지 않고 서로에게 도움을 주고받으며 서로를 키워 주면서 더불어 살아간다.

대체로 버섯 가운데 나무와 버섯 사이의 이러한 호혜관계에 있는 균근균이 더 많은데, 말하자면 이 균근균들은 그러한 호혜관계의 중요성을 일깨워주고 있는 것이다. 주로 썩은 나무에 돋는 부생균 버섯도 다른 생명을 살리는 작업과 땅을 다시 살리는 작업을 한다. 이렇게 균근균과 부생균은 우주 자연세계의 양육관계를 보여준다. 그리고 비록 부생균이라 할지라도 어느 일정한 나무와 관계를 가지고 있다. 이를테면 자작나무버섯은 반드시 죽은 자작나무에만 돋는다.

그리고 비록 다른 살아있는 나무에 붙어 그 나무에 해가 되는 기생균의 경우를 보아도 기주(寄主)가 자기는 희생되어 죽어가면서도 기생균을 양육한다는 뜻에서 "모든 것은 다른 것을 먹이고 양육한다"는 사실뿐만 아니라, "이 세상의 모든 관계가 일차적으로 양육의 관계"(Thomas Berry 신부)에 있다는 것을 보여준다. 우주를 있게 만드는 것은 자기희생이라고 하며 "모든 생명체는 다른 생명체를 위해 희생된다"는 뜻에서 기생균 버섯의 존재는 그 기주인 나무나 곤충이나 또는 다른 버섯의 희생으로 존재하게 되는 것이다.

그뿐만 아니라 비록 기생균이라 할지라도 각각 그 하는 역할과 뜻이 있다. 오늘날처럼 화학 약품에 의존하는 세상은 우리에게 무익하다고 생각되는 곤충이나 식물들을 한꺼번에 없애려는 심산

기생헛그물버섯(임시이름, 한국 미기록종)
Pseudoboletus parasiticus (Bulliard) Sutara =*Boletus parasiticus* Bulliard 독버섯인 황토색어리알버섯에 기생하는 그물버섯이다. 재미있는 것은 황토색어리알버섯은 독버섯이지만 이 버섯에 기생하는 그물버섯은 식용버섯이라는 점이다.

으로 살충제나 제초제를 남용 살포하여 오히려 유익한 동식물들마저 싹쓸이하고 있다. 이러한 마당에 기생균은 말하자면 곤충의 개체 수를 자연 조절해 준다. 또 나무에 기생하는 기생균은 밀집한 숲 속의 나무들을 솎아주어 다른 나무들이 햇빛과 통풍을 갖게 해주는 역할을 하고 있다. 자연은 자연으로 견제해야 한다는 진리를 일러주고 있다.

"오직 선을 행함과 서로 나눠 주기를 잊지 말라 이같은 제사는 하나님이 기뻐하시느니라"(히브리서 13:16)

"누구든지 자기의 유익을 구치 말고 남의 유익을 구하라"(고린도전서 10:24)

🍄 나의 한 줄 기도

대림 1주 수요일

하나님의 사랑과 은총은 풍성하시다(출애굽기 16:15-16)

꾀꼬리버섯
Cantharellus cibarius species complex 영어이름 Chanterelle 살구향이 난다는 맛 좋은 꾀꼬리버섯은 기후조건 즉 비만 적당히 내려주면 활엽수림 온 땅 위에 덮여 있다고 할 만큼 많이 돋는 주변 나무들과 공생관계에 있는 균근균이다.

식용버섯을 푸짐하게 채취할 때마다 하나님의 풍성함, 자연은 정말 넉넉하다는 느낌을 갖게 된다. 그래서 그런지 버섯에는 욕심을 내지 않는다. 언제나 필요하면 여러 종류의 식용버섯을 항상 풍성하게 채취할 수 있기 때문이다. 구약성경에 나오는 만나가 버섯의 일종이 아니었는가 하는 생각을 여러 번 하였다. 아침에 돋아나서 곧 사라지고 마는 만나, 하루 필요할 만큼만 채취해야지 욕심을 내어 더 많이 따서 저장하면 금방 부패하여 악취를 풍기는 만나(출애굽기 16:15-16), 나는 그 만나가 버섯이었다는 과학적 증거는 없으나, 지금도 만나는 버섯의 일종일 것이라는 생각을 지울 수 없다. 실제로 신구약 성경은 버섯에 대한 구체적 언급이 없다. 그러나 학자들은 구약 성경 출애굽기에 나오는 만나가 버섯과 해조(海藻)류 사이의 복합체인 이끼종류일 것이라고 말하기도 한다.

그런데 만일 찾아낸 버섯이 식용이나 약용일 경우 그 발견의 기쁨이 곧 유혹으로 현혹당하게 된다. 발견 기쁨에 빠져서 그 기쁨

뽕나무버섯은 가을에 죽은 참나무 그루터기 주변에 수백 송이가 다발로 돋는다. 온 산에 가득 돋은 적도 있다.

에 취한 나머지 곧바로 커다란 욕심에 빠져버리는 자신을 본다. 발견의 기쁨이 가져다준 결과, 곧 욕심에 대해서는 별로 신경을 쓰지 않는 일이 빚어지는 것이다. 버섯 발견에 따른 욕심과 그 욕심이 가져오는 생태계의 파괴는 외면하게 된다. 실제로 많이 먹지도 않으면서 채취하고 계속 또 채취하고 싶은 욕심을 억제하기 어렵다. 결국 끊임없는 자기 자신과의 싸움, 끊임없는 자기 욕심과의 싸움을 경험하게 된다. 그저 모든 것을 움켜쥐려는 인간의 욕심과 버섯을 발견한 바로 거기 버섯의 존재 자체의 신비스러움을 감탄하는 눈으로 바라보는 경이로움 사이의 끊임없는 싸움을 경험하게 되는 것이다. 그러므로 버섯 발견의 기쁨이 욕심에 대한 자기 성찰을 못하게 마비시킬 정도라면 그것은 치명적인 맹독버섯의 독성보다 더 강한 독으로 작용할 것이다.

　버섯뿐만 아니라 산야에 흔히 나는 약초를 공부해 보면, 하나님이 창조한 풀이나 식물 가운데 약이 아닌 것이 없고, 심지어 우리가 잡초라고 하여 보잘것없는 것으로 생각하는 풀조차도 약용으로 쓸 수 있다. 자연에 존재하는 모든 것들의 치유효과를 생각해 보면, 하나님의 창조의 신비함을 더 깊이 느끼게 되며, 자연과 더불어 살기 위한 자연보호나 환경보호가 얼마나 중요한지 절감하게 된다. 특별히 버섯은 생존하기 위하여 까다로운 생태학적 환경 인자를 갖춘 적당한 장소에서만 돋기 때문에 환경파괴로 말미암아 다시는 버섯이 돋지 않는 것을 볼 때 안타깝기 그지없다.

"이스라엘 자손이 보고 그것이 무엇인지 알지 못하여 서로 이르되 이것이 무엇이냐 하니 모세가 그들에게 이르되 이는 여호와께서 너희에게 주어 먹게 하신 양식이라 여호와께서 이같이 명령하시기를 너희 각 사람은 먹을 만큼만 이것을 거둘지니 곧 너희 사람 수효대로 한 사람에 한 오멜씩 거두되 각 사람이 그의 장막에 있는 자들을 위하여 거둘지니라 하셨느니라.
무리가 아침마다 각 사람은 먹을 만큼만 거두었고 햇볕이 뜨겁게 쬐면 그것이 스러졌더라"(출애굽기 16:15-16, 21)

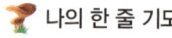 나의 한 줄 기도

대림 1주 목요일

독버섯이 주는 교훈

(열왕기하 4:39-40)

할로윈호박색화경버섯(임시이름, 한국 미기록종)
Omphalotus illudens (Schwein.) Sacc. 영어이름 Jack O'Lantern 할로윈 호박색깔을 가지고 있는 데다가 밤에 주름살에서 빛을 내는 발광(發光) 현상을 보여주기 때문에 영어이름이 Jack O'Lantern이다. 심한 위장장애를 일으키는 독버섯이지만 이 버섯의 독성분 illudin S로부터 항암제가 개발되어 임상실험 가운데 있다. 여름에서 가을에 걸쳐 특히 참나무 그루터기 주변에 엄청나게 많이 다발로 돋고 그 크기도 커서 그 갓의 지름이 어른 한 뼘만 하다.

왜 독버섯이 있을까? 하나님이 왜 독버섯을 창조하였을까? 참으로 궁금한 일이 아닐 수 없다. 그물버섯 가운데 그물 부분이 빨간색인 마귀그물버섯(*Boletus satanas*)이라는 버섯이 있다. 버섯의 독을 사탄 즉 마귀의 작란으로 여긴 탓인가? 어쨌든 독이 들어있다는 것과 악하다는 것을 동일시한 탓에 독버섯의 이름에 사탄 또는 마귀라는

마귀곰보버섯
Gyromitra esculenta (Persoon) Fries 영어이름 Conifer False Morel 이 버섯의 종명 *esculenta*란 "먹을 수 있는" 것이라는 뜻이지만 독버섯이다. 물론 특별 조리과정을 거쳐 식용하기도 한다지만 독성을 완전히 제거하기는 어렵다. 이 버섯의 독성물질은 로켓 연료 제조에 사용하는 물질과 유사하다고 한다. 사진제공: 풀향 최관우

말이 들어간 것이다. 그래서 버섯의 독은 신의 창조가 아니라 어떤 식으로든 사탄(마귀)으로 말미암았다는 것을 암시하고 있다.

곰보버섯 가운데 머리 부분이 뇌처럼 일그러진 독버섯의 이름도 마귀곰보버섯이며, 광대버섯 가운데 갈색 갓 위에 흰 인편이 붙어 있는 독버섯의 이름도 마귀광대버섯이다. 우리 인간사에서도 악이 급속하게 자라서 무성한 것을 보면 흔히 "독버섯처럼 무성하다"는 표현을 사용하고 있다.

그러나 독버섯의 독성도 그 개성자체이며 자기의 존재 표현

가운데 하나이기 때문에 그 독성 자체로 말한다면 악하다 선하다 할 수는 없을 것이다. 우리는 이분법적 사고 가운데 너무나도 모든 것을 선과 악 둘로 갈라놓고 하나는 취하고 하나는 버리는 일에 익숙하다. 그러나 어느 존재라도 그 개성은 존중해야 한다고 본다. 공동체의 원리를 실현하기 위해서도 우리는 버섯의 독성도 배제하지 않은 채 이해할 수 있어야 한다. 어느 존재나 그 개성은 그 존재 이유와 목적과 역할이 분명하여 취사선택하기 어려운 것이기 때문이다. 이 점은 생태정의의 6원칙 가운데 제1원칙 본래 고유가치 원칙(The Principle of Inttrinsic Worth)에 따라 해석해야 한다고 본다.

물론 동물이나 인간이 버섯을 먹어 없애면 포자를 퍼뜨리는 데 지장이 있기 때문에 그것을 방지하기 위함일 것이다. 우선 느끼는 것은 독버섯이 우리 인간의 무한한 욕망을 제어해 준다는 점을 지적할 수 있을 것 같다. 만일 독버섯이 없었다면 아마도 욕심 많은 인간들이 마구잡이로 모두 먹어 치웠을 것이다.

그리고 자연의 야성(野性 wildness)과 강력한 폭력성(powerful violence)을 우리에게 일깨워주고 있다. 이 역시 자연과 더불어 공존해야지 어느 한쪽이 어느 한쪽을 일방적으로 파괴해서는 안 된다는 것을 배우게 된다. 자연세계에는 언제나 밝은 면이 있는가 하면 반드시 어두운 면도 있어서 두 가지 면을 다 함께 직시해야 한다. 독버섯은 자연 세계의 만물이 지닌 부정적이며 파괴적인 어두운 측면도 무시해서는 안 된다는 것을 일러준다. 물론 이 말 자체도 자연현상과 무관한 인간중심의 발상에서 나온 것이다.

이처럼 독버섯은 또한 파괴의 무서움을 경고해 준다. 버섯이 있음으로 하여 생태계의 순환이 잘 이루어진다는 버섯의 창의성(creativeness)도 깨닫지만, 그 파괴성(destructiveness)도 깨닫게 한다. 기생균 버섯은 때로 산 나무를 죽인다. 이를테면 뽕나무버섯은 산 나무의 뿌리에 기생하여 뿌리 썩음 병을 일으키는 버섯이다. 동충하초는 곤충의 번데기나 유충에 기생하는 기생균으로 그 곤충을 죽인다. 자연이 지닌 파괴의 무서움도 인식해야 한다. 거기 따라서 자연에 대한 두려움도 느낄 줄 아는 우리가 되어야 할 것이다.

그러나 한편 버섯의 무서운 독성이 인간을 살리는 치료약이 되고, 특히 환각성분이 있는 버섯은 죽음을 앞둔 환자나 깊은 우울증 환자에게 큰 도움이 되고 의식의 변화마저 이루어 준다고 한다. 곤충 기생균이 곤충의 개체수 조절에 기여하며 나무 기생균이 숲 속의 나무 밀도를 조절해 주는 긍정적 측면 또한 잊어서는 안 될 것이다.

> "한 사람이 채소를 캐러 들에 나가 들포도덩굴을 만나 그것에서 들호박을 따서 옷자락에 채워가지고 돌아와 썰어 국 끓이는 솥에 넣되 그들은 무엇인지 알지 못한지라 이에 퍼다가 무리에게 주어 먹게 하였더니 무리가 국을 먹다가 그들이 외쳐 이르되 하나님의 사람이여 솥에 죽음의 독이 있나이다 하고 능히 먹지 못하는지라"(열왕기하 4:39-40)

"그들이 헛된 말을 내며 거짓 맹세로 언약을 세우니 그 재판이 밭이랑에 돋는 독초 같으리로다"(호세아 10:4)

"혀는 능히 길들일 사람이 없나니 쉬지 아니하는 악이요 죽이는 독이 가득한 것이라"(야고보서 3:8)

🍄 나의 한 줄 기도

....

....

....

대림 1주 금요일

창조에 대한
"긍정의 길" (누가복음 8:8, 15)

무당버섯
Russula emetica (Schaeff.) Pers. 영어이름 Emetic Russula 토한다는 뜻이 들어 있는 영어이름이나 종명 *emetica*가 보여주는 대로 이 버섯을 먹으면 구토 복통 설사를 일으키는 독버섯이다. 균근균이다.

버섯을 찾아 나서는 일은 단순히 버섯을 찾아 숲 속을 정처 없이 돌아다니는 것만은 아니다. "버섯채취는 하나의 예술이자 기술이며, 명상행위이자 한 과정이기도 하다"(Daid Arora). 주의 깊은 자세로 조용히 서두르지 않고 버섯을 찾아내고 채취한다면 신나고 재미있는 일이며, 공기 좋고 적막한 숲 속에서 많은 것을 감상하면서 즐길 수 있다.

천방지축 아무 데서 아무 버섯이나 닥치는 대로 서둘러 채취하여 소쿠리나 비닐봉지에 담아 오면 결국 뒤죽박죽 혼란스럽게 쓰레기통을 열 수밖에 없다. 버섯채취나 관찰하는 일은 자연에 대한 뜨거운 사랑과 미칠 정도의 열의가 있어야 하고 좌절을 잘 다룰 줄도 알아야 할 수 있는 일이다. 왜냐하면 버섯은 언제 어디서나 쉽게 돋는 것도 아니고 따라서 언제나 쉽게 찾아낼 수 있는 것이 아니어서 빈손으로 돌아오는 때가 많기 때문이다.

야생버섯 관찰의 한 묘미란 매튜 폭스(Matthew Fox)의 말을 빌려 말하면 창조 자연계의 아름다움과 오묘함, 그리고 그 우주적 깊이를 관상 음미하는 "긍정의 길"이다. 우리의 모태인 어머니 대지(大地)와 동무하는 것과 동시에 그 모태로부터 물려받은 기름진 땅 같은 우리 자신의 땅성(earthiness)과 동무하는 것이기도 하다.

자연, 땅은 정직하다. 인간 중심적인 이기와 탐욕으로 얼룩진 이 세상에서 저 정직한 땅성을 가지고 태어난 우리 내면의 심층으로부터 어떤 영원의 현존을 체험하는 일이기도 하다. 뿐만 아니라 그것은 창조적 에너지의 체험이며 만유에 내재하는 아름다움을 체험하는 것이기도 하다(누가복음 8:8, 15).

인간은 단독으로 존재할 수 없다. 반드시 다른 생명체에 의존하여 살아갈 수밖에 없다. 왜냐하면 생물계에서 오직 인간만이 소비자이기 때문이다. 식물들처럼 광합성 작용으로 탄수화물을 만들어낼 수도 없고(producer), 버섯이나 균류처럼 모든 유기물들을 분해

검은뿔나팔버섯(임시이름, 한국 미기록종)
Craterellus fallax A. H. Smith 영어이름 Black Trumpet. 여름에서 가을에 걸쳐 숲 속 부엽토 위에 무리를 지어 돋는 균근균으로 겉모습과 달리 맛과 식감이 좋은 식용버섯이다. 말려서 가루를 내어 조미료로 스크램블 에그 위에 뿌려 먹거나 다른 요리에 조미료로 사용할 수 있다.

붉은나팔버섯
Turbinellus floccosus (Schwein.) Earl ex Giachini & Castellano =*Gomphus floccosus* (Schwein.) Singer 영어이름 Scaly Chanterelle 봄부터 가을에 걸쳐 혼효림 침엽수 특히 미국 솔송나무 밑에서 무리 지어 돋는 균근균이다. 예쁘게 생겼으나 위장장애를 일으키는 독버섯이다.

하여 다른 식물들이 건강하게 살아가도록 비옥한 토양을 만들어내지도 못한다(recycler). 인간은 버섯이나 식물들이 생산해 낸 것에 의존하여 살아간다(consumer). 이리한 소비자일 뿐인 인간이 할 일이란 그 지혜를 사용하여 자연이 자연을 다시 살리도록 돕는 일이다. 그런 일들 가운데 버섯이 지구를 다시 살릴 수 있다는 것은 반가운 소식이다.

> "더러는 좋은 땅에 떨어지매 나서 백 배의 결실을 하였느니라…,
> 좋은 땅에 있다는 것은 착하고 좋은 마음으로 말씀을 듣고 지키어 인내로 결실하는 자니라"(누가복음 8:8, 15)

🍄 나의 한 줄 기도

대림 1주 토요일

아름다움의 신비를 만날 때
치유가(로마서 1:20)

진홍그물버섯(임시이름, 한국 미기록종)
Butyriboletus frostii (J.L. Russell) K. Zhao, Z.S. Yang, & Holling =*Boletus frostii* J.L. Russell 영어이름 Frost's Bolete 진홍색갓과 깊이 파인 진홍색 그물눈모양(망목상 網目狀)의 대를 가지고 있는 북미에서 가장 아름답고 특이한 그물버섯이다. 그런데 이렇게 새빨간 버섯이 식용이라 하니 놀랍다. 특히 참나무와 공생관계를 가진 균근균이다.

하나님의 임재(臨在)는 신비이다. 하나님의 창조성(creativity)은 우주 곳곳에 스며 있다. 산과 강과 바다와 하늘과 그 안에 존재하는 모든 생물, 무생물 안에 스며 있다. 그 하나님의 임재를 일별(一瞥)하게 되면 치유를 경험한다. 놀람(驚異)과 기쁨(歡喜)을 체험하게 된다 (로마서 1:20).

이때 터져 나오는 탄성은 곧 기도이다. 우주 안에 스며 있는 하나님의 임재를 만날 때, 이제 나는 더 이상 전에 내가 아니다. 의심과 불신과 두려움이 물러가기 시작한다. 치유를 경험하는 것이다. 변화를 체험하기 시작하는 것이다. 만남은 치유를 불러온다. "만남을 통한 치유"(healing through meeting)는 유대인 철학자 마틴 부버(Martin Buber)가 강조한 것이다. "나"(I)와 "당신"(Thou)이 만나는 장소는 바로 나와 당신 "사이"(the Between)이다. 만남을 통한 치유 경험은 나를 둘러싸고 있는 모든 것들과 만남에서 온다.

"결국은 아름다움이 우리를 구원할 것"(현경)인가? 이 말의 속 깊은 뜻을 다 헤아리기 어렵지만 표현 그대로 받아들여, 보이는 우주 삼라만상 안에, 보이지 않는 작고 작은 생명체들 안에 스며 있는

붉은꾀꼬리버섯
Cantharellus cinnabarinus (Schwein.) Schwein. 영어이름 Cinnabar Chanterelle 여름에서 초가을 특히 개울가 이끼 위에 여기저기 많이 돋는 여러 활엽수와 공생관계를 가진 균근균으로 식용버섯이다.

아름다움이 곧 우리의 가장 깊은 정체성(The beauty in universe is our deepest identity.)으로 파악하고자 한다.

우주 안에 있는 모든 것들의 아름다움은 바로 "나"(I)의 "당신"(Thou)이다. 당신은 물론 아름답다. 그리고 나도 아름답다. 그 나와 당신의 아름다움이 만날 때 나는 변화하고 모든 아픔과 불신과 의심과 두려움과 나를 속박하는 그 모든 것으로부터 자유롭게 되어 내가 변화한다.

> "창세로부터 그의 보이지 아니하는 것들 곧 그의 영원하신 능력과 신성이 그가 만드신 만물에 분명히 보여 알려졌나니 그러므로 그들이 핑계하지 못할지니라"(로마서 1:20)

 **나의 한 줄 기도**

대림절(待臨節, Advent), 둘째 주

특이한 이야기가 있는 버섯들

침비늘버섯
Pholiota squarrosoides (Peck) Sacc. 유균. 영어이름 Scaly Pholiota 보통 부생균이지만 때때로 기생균이기도 하다.

한밤중 야생버섯의 신비에 사로잡힌 사람의 독백

아무리 차디 찬 과학이라 하여도
사유(思惟)가 있고 감정(感情)이 있다,
나, 사람이 하는 일이니까.

아무리 사실을 찾아 파고들어도
결국 신비로 몰입(沒入)하고 마는 것은
그것도 나, 사람이 하는 일이니까.

영원히 거기 우주 한 복판에
스스로 존재하고 또 존재할 너를
대상화(對象化)하는 나, 사람 때문에
관찰의 대상이 되곤 하지만
그것도 결국 신비로 끝나고 마는 것은
나, 사람은 지극히 작은 한계에 지나지 않으니

알려하면 알려할수록 파고들면 파고들려 할수록
결국 또 태산 앞 미궁(迷宮)에 빠지고 마는 것은
너를 대하는 나, 사람의 욕심의 무게 때문이다.

이제 와서 멈추자니 멈출 수도 없는 것은
이미 저 깊은 신비의 내면의 일부가 되어 버린 것을
어쩌랴!

대림 2주 주일

파리를 잡는 광대버섯

미국 동부지역에 돋는 **광대버섯**
Amanita muscaria var. *guessowii* Veselý =*Amanita muscaria* var. *formosa* Pers. 영어이름 Yellow-Orange Fly Agaric 활엽수와 침엽수가 섞여 있는 혼효림 땅 위에, 특히 전나무, 노르웨이 전나무 밑이나 참나무나 자작나무 밑에 돋는 균근균이다.

섭취하였을 때 술에 취한 것과 비슷한 증상을 유발하거나 환각증상을 보여주는 버섯 가운데 광대버섯(*Amanita muscaria*)은 아주 오랜 옛날부터 신화나 종교의식에 등장하고 동화나 민담의 중요한 소재일 뿐만 아니라 여러 다른 문화권 종교들과 관련되어 있다. 특별히 빨간색 바탕에 하얀 점이 박혀 있는 그 모양과 색깔이 두드러지는 광대버섯은 다른 어떤 버섯들보다 민담이나 동화의 주제가 되어 있어서 모든 어린이들이 가장 먼저 배워 알게 되는 버섯이기도 하다. 동화 가운데 삽화는 물론 장난감이나 다양한 장식품들 형태로 동화적 해학을 띄고 등장하며 기념우표에도 어김없이 그 얼굴을 보여주고 있다. 그래서 오직 이 버섯 하나만 주제로 하여 책 한 권씩 써낸 분들도 많이 있다.

극동 러시아의 샤먼들은 신체의 질병을 치료하고 "영"을 자유롭게 하기 위하여 광대버섯을 사용한다. 캄차카 코리악(Kamchatka, Koryak) 샤먼들은 질병의 원인이 마술(socery)이라고 보고 광대버섯이 그 병을 치료해 준다고 믿는다. 샤먼이 아닌 극동 러시아의 일반인들도 광대버섯이 몸의 한계로부터 그들을 자유롭게 해 준다고 믿어 광대버섯을 먹는다. 그리고 중독된 상태에서 밤새 노래하고 더 빨리 더 높이 춤추면서 노래를 통하여 죽은 조상들과 연결된다고 믿는다.

시베리아로 처음 여행하였던 사람들은 그곳에 사는 많은 종족들이 광대버섯을 약으로 사용하는 것을 보게 되었다. 그런데 이 여행객들이 더욱 놀란 것은 광대버섯을 먹고 중독된 사람들의 오줌을 그릇이나 가죽 통에 담아 나중에 마시려고 보관한다는 사실이었다. 특히 가난한 사람들은 광대버섯을 채취할 시간이 없기 때문에 부유한 사람들이 광대버섯을 먹고 눈 오줌을 받아 고통을 경감하기 위하여 정기적으로 마신다는 것이다. 그곳에 사는 순록들 또한 광대버섯을 먹는다. 게오르그 스텔러(Georg Steller)라는 스웨덴 탐험가가

1739년 캄차카를 방문하였을 때 광대버섯을 먹고 취한(중독된) 순록들을 목격하였다고 한다.

광대버섯은 세계 전역에 분포하고 미주대륙에서는 캐나다를 포함하여 북미전역에서 돋는데 여러 종류의 나무들과 공생관계에 있는 균근균 버섯이다. 아주 새 빨간색에서부터 주황색·황색·담갈색에 이르기까지 그 돋는 지역에 따라 색깔이 다양하다. 대체로 미 서부지역에서 돋는 것은 빨간색 갓에 흰 인편이 붙어있고, 동부지역에서 돋는 것은 주황색에서 황색 갓 위에 흰 인편이 붙어 있어서 미 서부형 광대버섯과 동부형 광대버섯 두 가지로 대별한다. 미 동부지역에서는 주로 가을에 소나무나 전나무와 같은 침엽수와 공생관계를 이루고 그러한 나무들 밑 땅 위에 많이 돋고 있다. 그러나 우리 한국에서는 흔하게 볼 수 없다고 하는데 아마 한국에서는 잘 돋지 않는 것 같다.

광대버섯의 영어이름은 보통 Fly Agaric이라고 하는데 오랜 옛날부터 집안 파리를 유인하여 잡는 데 사용해 온 까닭이다. 이 버섯을 부스러뜨려서 우유에 섞어 놓으면 파리가 와서 먹고 중독된다. 이 광대버섯에 함유된 1,3-diolein이라는 성분이 파리를 유인하고, 이 버섯이 섞인 우유를 빨아먹게 되면 이속사졸(isoxazole)이라고 하는 독성분 가운데 이보텐산(ibotenic acid)이라는 신경 홍분 물질이 파리를 어리둥절하게 마비시키고 이어서 살충물질인 트리콜롬산(tricholomic acid)이 파리를 죽이게 된다는 것이다. 광대버섯은 파리를 잡는 천연 생물 살충제인 것만은 사실이다.

어쨌든 광대버섯은 천연 살충성분을 가지고 있어서 화학살충제가 토양과 지하수 또는 토지 주변의 하천을 오염시키는 것을 극복하기 위하여 앞으로 생물방제제 개발에 단초를 제공하고 있다.

"네가 만일 내 백성을 보내지 아니하면 내가 너와 네 신하와 네 백성과 네 집들에 파리 떼를 보내리니 애굽 사람의 집집에 파리 떼가 가득할 것이며 그들이 사는 땅에도 그러하리라 그 날에 나는 내 백성이 거주하는 고센 땅을 구별하여 그 곳에는 파리가 없게 하리니 이로 말미암아 이 땅에서 내가 여호와인 줄을 네가 알게 될 것이라,

여호와께서 그와 같이 하시니 무수한 파리가 바로의 궁과 그의 신하의 집과 애굽 온 땅에 이르니 파리로 말미암아 그 땅이 황폐하였더라"(출애굽기 8:21~22, 24)

🍄 나의 한 줄 기도

....

....

....

대림 2주 월요일

담배꽁초도 먹는
느타리버섯

느타리버섯
Pleurotus ostreatus (Jacq.) P. Kumm. 영어이름 Oyster Mushroom 서늘한 기후를 좋아하여 이른 봄이나 특히 늦가을에 활엽수 고사목에 많이 돋는 아주 맛 좋은 부생균 식용버섯이다. 살아있는 나무라도 상처가 있으면 그곳에 돋기도 한다.

죽은 나무나 뿌리에서 돋는 부생균인 느타리버섯(*Pleurotus ostreatus*)은 많이 알고 계시는 것처럼 식용으로도 약용으로도 우수한 식품 가운데 하나이다. 콩이나 채소가 공급하는 단백질과 맞먹을 만큼 고기를 제외하고 가장 좋은 단백질 공급원이다. 함수탄소가 적고 지방이 5% 미만인 데다가 섬유질이 풍부하여 비만을 염려하는 사람들도 마음 놓고 먹을 수 있는 훌륭한 다이어트 식품이기도 하다.

느타리버섯의 주름살도 아름답다.

탐스럽게 돋은 자연산 느타리버섯

느타리버섯은 톱밥이나 커피 찌꺼기, 심지어 신문지에서도 재배할 수 있다. 그래서 가장 먼저, 가장 많이, 또 가장 쉽게 재배하는 버섯이다. 여러 중요한 광물질, 이를테면 마그네슘, 철, 아연, 망간과 비타민 D의 우수한 공급원이 된다. 인간의 면역체계와 협력하여 면역을 강화하고 염증을 방지해 주며 암세포 성장을 막아 줄 뿐만 아니라 나쁜 콜레스테롤 흡수를 막아준다. 그래서 심장 순환계통의 건강을 위해서도 우수한 식품이다.

그런데 재미있는 사실은 느타리버섯이 육식성 버섯이라는 점이다. 느타리버섯은 외형만 보면 육식성으로 의심되는 균류가 아니지만 그 양분의 출처를 자세히 살펴본다면 한 가지 영양소, 즉 단백질이 필요하다는 것을 알 수 있다. 느타리버섯은 죽은 나무에서 돋는 부생균인데 죽은 나무에는 단백질이 매우 부족하다. 느타리버섯은 3-옥타논(3-octanone)이라는 마비성 신경가스를 방출하여 선충류의 작은 벌레를 마비시킨 다음 균사를 선충류의 몸속으로 침투하여 죽인 뒤 선충류의 내용물을 흡수함으로써 부족한 질소를 공급받는다는 것이다. 현재 연구팀이 조사한 15종의 느타리버섯속(Pleurotus) 버섯들 모두가 이러한 능력을 가지고 있다고 한다.

최근 정보에 따르면 느타리버섯이 쓰레기 처리장의 골칫거리인 아기 기저귀의 주재료인 셀룰로스 90%를 두 달 안에 분해 흡수할 수 있다는 멕시코 시티 메틀로폴리탄대학교의 연구보고가 있다. 거기다가 이 느타리버섯 식용에 아무 문제가 없다고 한다.

어떤 종류의 버섯이 가지고 있는 강력한 효소는 나무의 주성분인 목질소(lignin)와 섬유소를 삭혀준다. 이 삭임성(소화성) 효소는 또한 놀랍게도 나무속에 들어있는 화학 접착물처럼 접착성이 있는 광범위한 독극물을 분해할 수 있다. 이런 버섯들 가운데 우리가 흔하게 볼 수 있는 것은 백색부후균인 느타리버섯(Pleurotus ostreatus)이다.

거기다가 느타리버섯은 담배꽁초도 먹는다. "No More Butts"라는 환경단체에 따르면 해마다 전 세계적으로 약 4조 5천억 개의 담배꽁초가 쓰레기로 나온다고 한다. 그리고 호주에서만 매년 80억 개의 꽁초가 환경에 투척되는데 이는 전체 담배 소비량의 약 3분의 1에 해당하는 수치라고 한다. 호주에서는 느타리버섯을 이용하여 담배꽁초 문제를 해결하려 하고 있다. 느타리버섯을 훈련하여 담배꽁초 필터를 분해하여 양분을 흡수하게 함으로써 쓰레기 문제도 해결하고 분해한 꽁초들은 상자를 만드는데 이용한다는 것이다.

그동안 전 세계 과학자들은 균류(버섯)의 환경적 용도를 많이 발견하고 있고 이제 호주 연구자들은 느타리버섯이 세계에서 가장 큰 쓰레기 문제 중 하나인 매년 쓰레기로 나오는 4조 5천억 개의 담배꽁초 문제를 해결해 줄 것을 바라고 있다. 마치 아기에게 먹는 법을 가르쳐주는 것처럼 느타리버섯에게 담배꽁초를 소화하도록 훈련을 시킨다는 것이다.

느타리버섯은 기름으로 말미암은 오염물질, 특히 다환방향족 탄화수소(PAHs)를 분해하는 능력이 있다. 이 화학오염물질은 기름이나 디젤, 살충제, 제초제 등 다양한 산업 독극물 속에 함유된 핵심 물질이다. 느타리버섯이 만들어내는 효소가 이러한 산업 독극물들을 분해할 수 있다는 것이 속속 밝혀지고 있다.

느타리버섯은 커피 찌꺼기를 가지고도 재배할 수 있다고 하는데 이것은 이 버섯이 카페인 독극물도 분해할 수 있는 능력이 있음을 보여준다. 유럽에서 밝혀낸 사실은 느타리버섯을 수확하고 남은 버섯배지가 독극물 제거에 더 효과가 있다는 것이다. 이 점은 느타리버섯 농장에서 버섯을 수확하고 난 다음 처치 곤란한 버섯배지를 다시 활용할 수 있는 길을 열어준다. 뿐만 아니라 느타리버섯 역시 산업염료를 탈색할 수 있다. 또 느타리버섯은 선택적 중금속 흡수력을 가지고 있어서 특히 수은은 140배나 되는 흡수율을 보여준다고 한다. 느타리버섯은 방사성 오염물질인 세슘도 흡수하여 제거할 수 있다. 이렇듯 영양가 많은 먹을거리일 뿐만 아니라 환경정화에 큰 역할을 하는 느타리버섯에 대한 이야기는 무궁무진하다.

🍄 **나의 한 줄 기도**

> 대림 2주 화요일

웃기는
갈황색미치광이버섯

갈황색미치광이버섯
Gymnopilus junonius (Fr.) P.D. Orton =*Gymnopilus specatabilis* (Fr.) Singer
영어이름 Laughing Mushroom, Laughing Jim 또는 Big Laughing Jim

11세기 일본에서 전해 내려오는 버섯에 관한 전설 같은 옛날이야기가 있다. 옛날 옛날에 나무꾼 몇 사람이 산에 나무하러 갔다가 그만 길을 잃어버리고 말았다. 어디로 가야 할지 모르고 있던 터에 산에서 내려오는 몇 사람을 보게 되었을 때 사정이 더욱 난감하게 되었다. 왜냐하면 네다섯 사람이나 되는 여승들이 춤을 덩실덩실 추고 노래하며 산에서 내려오는 것을 보았기 때문이다. 나무꾼들은 저렇게 춤을 추고 노래를 하는 여승들은 틀림없이 사람이 아니라 귀신들이라고 생각하고 두려움에 빠졌다.

여승들이 나무꾼들을 보자 그들에게로 곧장 달려왔다. 이를 본 나무꾼들은 혼비백산 놀라 중얼거리기 시작하였다. "아니 이 깊은 산속에서 어떻게 여승들이 춤을 추며 노래하며 내려올 수 있단 말인가?" 이러한 나무꾼들의 모습을 본 여승들이 말했다. "우리가 이렇게 춤을 추면서 노래하는 것을 보고 당신들이 놀라는 것은 당연합니다. 하지만 우린 이 근처 절에서 사는 여승들일뿐입니다. 우리는 부처님에게 드릴 요량으로 꽃을 꺾으러 나왔답니다. 그런데 일단 산속으로 들어가자 그만 길을 잃고 말았지요. 길을 찾아 한참 헤매고 있을 때 우리는 버섯을 발견하게 되었습니다. 마침 우리는 배가 몹시 고프던 터라 이 버섯을 먹고 중독되리라고는 생각하지 못하고 배고파 죽는 것보다 이 버섯들을 먹는 것이 더 낫다고 여기고 그 버섯을 먹기로 하였답니다. 그 버섯이 어찌나 맛이 좋던지 구워 먹었지요. 그런데 그 버섯을 먹고 나자 이렇게 춤을 추지 않고는 견디기 어렵게 되었답니다. 우리 자신들도 '그것 참 희한하다!' 여기고 있습니다."

이 이야기를 들은 나무꾼들은 더 이상 무서워하지 않게 되었고, 역시 배가 몹시 고프던 터라 "굶주리는 것보다 버섯을 먹는 것이 낫겠지" 여기고 여승들이 따온 버섯을 얻어먹게 되었다. 버섯을 먹고 나자 나무꾼들도 춤추고 싶은 충동에 빠져 여승들과 함께 더덩실 춤을 추고 노래를 부르게 되었다. 얼마간 지나자 해독되어 춤추기를

갈황색미치광이버섯 주름살과 대에 있는 턱받이를 볼 수 있다.

멈추고 각자 길을 찾아 집으로 돌아왔다는 이야기다. 그 뒤부터 일본에서는 이 버섯을 "춤추게 하는 버섯"이라고 부르게 되었다.

그러면 도대체 이 버섯은 무슨 버섯일까? 이 글을 쓰는 사람도 가을이면 종종 만나는 "갈황색미치광이버섯"(*Gymnopilus spectabilis*. 영어이름은 Big Laughing Gym 또는 Big Laughing Mushroom)이라고 하는 배슬 배슬 웃게 만드는 환각성 독버섯이다. 영어이름 Big Laughing Gym이라 함은 일본에서 붙여진 이름을 영역한 것으로 이 버섯을 먹으면 뜬금없는 웃음을 웃고 춤을 추는 등 미친 사람처럼 바보스러운 행동을 보이기 때문에 붙인 이름이다. 영어이름대로 웃기는 버섯이다. 한국어 이름 "갈황색미치광이버섯"이란 그 색깔과 중독현상을 표현하여 지은 이름이다. 실은 갈황색미치광이버섯에는 중추신경계통에 중독현상을 일으키는 여러 환각성분이 포함되어 있어서 정신이상, 손발의 경련, 의식장애와 환각, 환시, 이상흥분, 웃음 등 증세를 보여주는 독버섯인 것이다.

아드리안 모르간(Adrian Morgan)이라는 사람은 여러 계제에 두 송이를 가볍게 볶아서 먹어 보았는데 오직 한 번만 색각이상(色覺異常)이 와서 색깔이나 물체가 공중에 떠다니는 것 같았고 극도의 희열감, 행복감을 느꼈다고 한다.

우스개 소리 한마디 하면 요새처럼 짜증 나고 생활이 어려운 때 이렇게 웃게 만드는 버섯의 도움을 빌어서라도 좀 더 많이 웃고 살면 어떨까 싶기도 하다. 하지만 이 갈황색미치광이버섯은 이름 그대로 미친 사람처럼 웃게 만드는 독버섯이기 때문에 조심하여야 한다.

"내가 웃음에 관하여 말하여 이르기를 그것은 미친 것이라 하였고 희락에 대하여 이르기를 이것이 무슨 소용이 있는가 하였노라"(전도서 2:2)

"울 때가 있고 웃을 때가 있으며 슬퍼할 때가 있고 춤출 때가 있으며"(전도서 3:4)

🍄 나의 한 줄 기도

....

....

대림 2주 수요일

밤길을 밝혀주는
할로윈호박색화경버섯(시편 119:105)

할로윈호박색화경버섯

미국에서는 9월 들어서면서부터 약방이나 슈퍼마켓에 가면 할로윈 의상과 초콜릿은 물론 할로윈 호박 등 할로윈 상품들이 가득 진열되어 있다. 그리고 길가에서도 할로윈 장식용 마른 옥수숫대와 호박들을 많이 늘어놓고 팔고 있다. 짙은 주황색 호박의 속을 다 파내고 눈, 코, 입 모양으로 호박을 도려낸 다음 그 안에 불을 켜 놓은 것을 잭오랜턴(jack-o'-lantern)이라고 부른다.

해마다 10월이면 거의 집집마다 이 호박과 마른 옥수숫대로 집 앞을 장식하고, 만성절(All Saints' Day) 전야인 10월 31일 저녁에 아이들은 온갖 무서운 도깨비 형상의 가면과 의상을 입고 집집마다 문을 두드리며 "Trick or Treat!"(과자나 초콜릿 안 주면 장난칠테야!)를 외치면서 떼 지어 과자나 캔디를 얻으러 다닌다.

지금은 한국에서 거의 볼 수 없으나 옛날 음력 정월 대보름 저녁에 아이들이 집집마다 다니며 "제웅이나 보름 줍쇼!" 하고 외치던 풍습과 흡사한 풍습이다. 그런데 재미있는 것은 바로 이 도깨비불을 뜻하는 잭오랜턴이라는 이름을 가진 버섯이 있다. 미 동부지역에서는 여름부터 가을에 걸쳐 죽은 참나무 그루터기나 그 주변에 엄청나게 큰 크기로 엄청나게 많이 돋는 독버섯인데, 그 색깔이 할로윈호박색을 가지고 있는 데다가 밤에 그 주름에서 야광을 내기 때문에 붙여진 버섯 영어이름이다.

잭오랜턴이라고 하는 할로윈호박색화경버섯(임시이름, 한국 미기록종 *Omphalotus illudens*)은 주름 부분에서 밤에 신문을 읽을 수 있을 정도로 밝은 빛을 낸다. 데이비드 아로라(David Arora)는 그가 지은 950여 쪽이나 되는 버섯 책(*Mushrooms Demystified*)에서 이러한 야광버섯과 관련하여 재미있는 일화를 전하고 있다. 어느 선원이 배가 파선하는 바람에 무인도에 상륙하여 목숨을 건졌다고 한다. 다행히도 밤에 위에서 말한 야광버섯의 불빛에 의지하여 아가리쿠스버섯의 대(줄기)를 붓대 삼아 먹물버섯의 먹물로 마지막 구조요청의 편지를 쓸 수 있었다. 그런데 불행하게도 이 선원은 그가 발견한 버섯들 가운데 그 어느 것도 먹는 것을 두려워한 나머지 그만 굶어 죽고 말았

▲ 잭오랜턴(jack o' lantern)
▶ 할로윈호박 판매대

다는 것이다.

　이 할로윈호박색화경버섯은 실제로 캠프장에서 밤에 길을 인도하는 안내자로 이용할 수도 있다. 아닌 게 아니라 버섯도감의 사전 격인 책의 저자 게리 린코프(Gary H. Lincoff)에 따르면 버섯채취 연구모임에 갔다가 마침 할로윈호박색화경버섯 300여 송이를 채취하여 밤에 각자 텐트로 가는 길 표지로 사용하였다고 한다(시편 119:105 "주의 말씀은 내 발에 등이요 내 길에 빛이니이다").

한 가지 특기할 것은 이 독버섯은 먹으면 심한 위장 장애를 일으켜 병원에 입원해야 할 정도의 독버섯이지만 이 버섯이 지닌 illudin S라는 독성분에서 항암제가 개발되어 현재 미국 식약청에서 승인을 받고 제3단계 임상실험 가운데 있다. 곧 시판되면 특별히 고치기 어려운 췌장암에 효력이 있다하니 암 환자들에게 커다란 희망의 빛을 던져주고 있다. 잭오랜턴 할로윈 호박등에 불을 켜면서 그 밝은 희망의 빛이 더욱 밝혀지기만을 기원한다.

자연을 마구 착취하고 훼손하는 것도 문제지만 자연이 주는 혜택을 잘 활용하지 못하는 것도 문제이다. 자연이 주는 선물들은 우리 인간들이 지혜롭게 잘 사용만 하면 사람의 목숨을 살려내는 훌륭한 일을 해 낼 수 있다.

"주의 말씀은 내 발에 등이요 내 길에 빛이니이다"(시편 119:105)

나의 한 줄 기도

대림 2주 목요일

생물 해충방제의 길을 여는 동충하초

(출애굽기 10:4-5, 13-15, 메뚜기 재앙)

동충하초
Cordyceps militaris (L.) Link 영어이름 Orange Club Cordyceps 나비목 번데기에서 돋는 기생균 동충하초. 이끼 밑 땅속으로부터 동충하초 자실체 두 개가 머리를 내밀고 있고 그 옆에 땅속에서 캐어낸 머리 두 개를 가진 동충하초가 놓여있다.

동충하초(冬蟲夏草)라는 한문 글자대로 본래 겨울에는 곤충의 몸속에 있다가 여름에는 풀처럼 나타난 데서 나온 말이다. 즉 동충하초 균이 곤충의 몸속에 침입하여 죽게 한 다음 그 기주(寄主)의 양분을 이용하여 자실체 즉 버섯을 형성한다는 뜻이다. 동충하초 균은 기생균이다. 다른 생물체의 몸에 기생한다 하면 나쁜 것으로만 이해할 수 있으나 동충하초균은 생태계에서 곤충의 개체 수를 조절해 주는 긍정적 효과를 보여주는 유익한 측면도 있음을 기억해야 한다.

티베트에서는 동충하초가 곤충의 몸에서 돋기 때문에 불멸성을 지녔다고 믿어 죽은 사람의 묘지에 조상(彫像)으로 만들어 세우기도 한다. 옛날에는 황궁에서 황제들만 애용하던 버섯으로 인삼처럼 오리 요리에 넣어 강장제로 이용하였다. 그래서 한 때 동충하초와 같은 무게의 은(銀)보다 네 배나 더 값이 비쌌다고 한다. 최근에는 밀이나 현미 등 다른 곡식을 이용하여 인공 재배하여 더 안전하고 좋은 제품을 생산하게 되었다. 자연산 동충하초와 재배한 동충하초의 항산화 물질은 거의 동일하다고 한다.

기생균 버섯을 이용한 생물 방제제에 대한 글을 준비하면서, 이 일은 자연에 숨어 있는 비밀들을 하나씩 탐색해 나가는 일이라는 생각을 하였다. 즉 대자연에 이미 있는 기존진리에 대한 탐색이다. 오랜 세월 지구를 지탱해 왔고 그 가운데 온갖 생물들이 상극상생하면서 살아오던 비밀들…. 하지만 인간의 욕심이 빚어낸 무한한 생산에 대한 꿈과 함께 산업, 농업의 과욕이 불러온 자연의 조화와 균형이 깨지고 이변이 생기기 시작하면서 인간 생명마저 위협받게 된 지경에 이르러서야 비로소 옛 자연의 순리가 지켜 온 비밀들을 다시 찾아내려 나서는 것…. 즉 곰팡이균과 기생균 버섯의 포자를 이용한 해충 방제의 길을 더듬는다는 것이 왠지 쑥스러웠다. 왜냐하면 이것은 과학의 진보가 아니라 오히려 과학의 진보가 가져온 파멸에 직면하여 다시 저 옛날 태곳적 자연이 스스로 지탱해 온 지속성의 비밀을 다시 찾아가는 어쩌면 새삼스러운 복고라고 생각되었기 때문이다.

생물학적 방제에 이용되는 것 가운데 하나가 바로 기생균 버섯이다. 어느 종류의 곤충에 기생하는 버섯은 생물학적 방제의 좋은 수단이 된다. 이러한 곤충 기생균 버섯의 포자를 해충의 몸에 살포하면, 이러한 버섯 종균이 해충의 몸에 침입한 다음 곤충의 내부에서 균사를 발아시켜 성장하고, 자실체로 발생하여 성숙한 버섯은 다시 포자를 생산하는 등 세 단계를 거치게 된다(이상 뉴저지 버섯동호회 NJMANews, vol 32, No.3, May-June, 2002, p.4 참고, 그리고 한국 국립농업과학원의 곰팡이를 이용한 미생물살충제에 관한 자료 참고).

해충방제에 이용할 수 있는 기생균 가운데 으뜸가는 것은 아무래도 동충하초라고 볼 수 있다. 동충하초에 대하여 세계적인 권위자이신 강원대학교 성재모 교수에 따르면 곤충에 침입하는 곰팡이균은 약 800여 종인데 그 가운데 자실체(버섯)를 형성하는 균이 약 300여 종이라고 한다. 동충하초가 돋는 곤충의 종류는 다 헤아릴 수 없이 많고 다양하다. 그 가운데 성 교수가 한국에서만 76여 종의 동충하초를 채집하고 동정한 것이 이미 27년 전의 일이다. 동충하초는 약재로 사용하는 것 외에도 농작물에 폐해를 주는 해충방제를 위한 천연 미생물 제제의 개발 가능성 때문에 굉장히 중요한 것이다. 나아가서 자연 생태계의 곤충 개체군 밀도 조절과 관련되어 있어서 이미 프랑스에서는 동충하초로 만든 생물농약이

나방흰가시동충하초 *Akanthomyces aculeatus* Lebert 나방 성충에 기생하는 동충하초로 무성 포자(분생포자)로 자신을 복제하여 번식한다고 한다.

눈꽃동충하초 *Paecilomyces tenuipes* (Peck) Samson 숲 속 땅에 묻힌 나비목의 번데기 고치에 기생하는 동충하초로 약용버섯이다.

제조 판매되는 단계에 와 있다고 한다.

아직 연구 중에 있는 동충하초 균이 가지는 장점에 대하여 성재모 교수는 여섯 가지 장점을 꼽는다. ① 화학농약과 비교하여 안전하다는 점, ② 생태계에 끼치는 영향이 적어 생태계의 균형을 깨뜨리지 않는다는 점, ③ 속효성을 가진 화학농약의 잔효기간이 당해에 그치는 것에 반하여, 동충하초 균은 상당기간 대상 해충에 방제효과를 가진다는 점, ④ 다른 방제 수단과 병용이 가능하다는 점, ⑤ 화학농약과 비교하여 대상 해충의 저항 가능성이 적다는 점, ⑥ 그리고 유전적 조작이 용이하다는 점 등이다.

어쨌든 분해하지 않는 잔류 성분을 남기는 화학 살충제 남용으로 모든 곤충을 익충이냐 해충이냐를 따지지 않고 싹쓸이하는 마당에 토양과 지하수를 오염시켜 생태계를 파괴하는 폐해를 낳고 있다. 오염된 토양에서 생산한 농작물마저 오염시켜 이를 섭취하는 인간에게 무서운 질병을 일으켜 생존권마저 위협하는 실정이다. 이러한 때에 동충하초를 이용한 생물 해충방제의 길이 어서 속히 열리기를 바라마지 않는다.

> "네가 만일 내 백성 보내기를 거절하면 내일 내가 메뚜기를 네 경내에 들어가게 하리니 메뚜기가 지면을 덮어서 사람이 땅을 볼 수 없을 것이라 메뚜기가 네게 남은 그것 곧 우박을 면하고 남은 것을 먹으며 너희를 위하여 들에서 자라나는 모든 나무를 먹을 것이며,
> 메뚜기가 애굽 온 땅에 이르러 그 사방에 내리매 그 피해가 심하니 이런 메뚜기는 전에도 없었고 후에도 없을 것이라 메뚜기가 온 땅을 덮어 땅이 어둡게 되었으며 메뚜기가 우박에 상하지 아니한 밭의 채소와 나무 열매를 다 먹었으므로 애굽 온 땅에서 나무나 밭의 채소나 푸른 것은 남지 아니하였더라"(출애굽기 10:4-5, 14-15, 메뚜기 재앙)

나의 한 줄 기도

대림 2주 금요일

예쁘고 귀여운
연지버섯(아가서 4:3)

연지버섯붙이
Calostoma ravenelii (Berkeley) Massee 영어이름 Ravenel's Calostoma 초가을에 등산로 주변 이끼 위에 무리 지어 돋고 두부(頭部)의 외피 색깔이 갈색이고 젤리(아교질) 덮개로 덮여 있지 않다. 이 연지버섯이 가장 흔하게 많이 돋는 것 같다. 포자주머니에서 포자를 방출하는 열구(裂口)의 모습이 마치 입술연지를 바른 것처럼 보여 한국어 이름 "연지버섯"이라는 예쁜 이름을 갖게 되었다.

버섯관찰은 눈높이를 낮추는 일이다. 언제나 저 높은 곳, 더 좋은 곳, 더 많은 곳, 더 높은 지위만 바라보던 눈을 돌이켜 낮은 곳, 이 땅 위로 그 방향을 바꾸는 일이다. 내가 살고 있는 땅, 그 주위를 살피는 일이다. 세상의 아름다움, 전혀 관심 밖의 아주 작은 것들 중에도 미물에 주목하고 한껏 주의를 기울여 그것들이 말없이 보여주는 아름다움에 놀라움으로 흠뻑 취하는 일이다. 그 작은 것들이 보여주는 아름다움이 얼마나 좋은 것인지 만끽하는 일이다. 그리고 귀를 땅에 가까이 대고 그 미물들, 말하자면 오랜 세월 그곳에서 제 할 일을 수행하면서 자기 존재의 의미를 들어내고 있는 버섯들이 들려주는 이야기에 귀를 기울이는 일이기도 하다.

이렇게 되면 버섯관찰은 단순한 취미를 넘어서서 모든 생물체가 생존하기 위하여 어떻게 서로 돕고 도움을 받는지에 대한 생태학적 지식을 얻는 일이기도 하다. 그리고 버섯이라는 미물(?) 또한 우리와 더불어 살아가야 할 우리의 한 이웃임을 깨닫게 된다. 뿐만 아니라 버섯은 인간을 포함하여 모든 생물체들을 위하여 지속가능한 삶을 보장해 주는 아주 중요한 것이라는 데 주목하게 된다.

지난 2008년도 7월 초, 땅을 내려다보며 산 위를 오르다가 등산로에서 콩 껍질처럼 생긴 이상한 것을 발견하였다. 허리를 굽혀

붉은연지버섯(임시이름, 한국 미기록종)
Calostoma cinnabarinum Desvaux 영어이름 Hot Lips, Gelatinous Stalked Puffball 젤리(아교질)로 덮여있고 빨간 외피가 벗겨지면서 그 조각들이 젤리 속에 남아 마치 석류 씨알처럼 보인다.

가만히 살펴보니 그것은 작년에 돋았던 연지버섯의 포자주머니임을 알게 되었다. 아하! 여기 이렇게 연지버섯이 돋는구나! 그때부터 그 지역을 지나갈 때마다 일부러 들러 연지버섯을 만나기 위하여 산을 올랐다. 가만히 등산로를 살피며 혹시라도 연지버섯이 돋았는지 살피게 되었다. 대충 가을에나 돋아날 것을 예상은 하고 있었으나 놓치고 싶지 않아 계속 7, 8월 온 여름동안 그곳을 일부러 찾아 관찰하던 끝에 드디어 9월에 피어난 연지버섯을 발견하게 되었다. 한국어 이름도 귀여운 연지버섯은 작은 구슬알 정도 크기의 공처럼 생긴 버섯으로 공 안의 포자가 성숙하여 가루가 되면 그것을 방출하기 위한 열구 부분이 마치 새빨간 연지를 바른 것같이 보이는 아주 작고도 예쁜 버섯을 말한다.

> **"네 입술은 홍색 실 같고 네 입은 어여쁘고 너울 속의 네 뺨은 석류 한 쪽 같구나"**(아가서 4:3)

오래 기다려서인지 그 반가움이 더 컸다. 이모저모 사진을 찍으며 그 신기함에 눈길을 빼앗기고 있었다. 버섯도감에서 연지버섯을 찾아 공부하는 동안 미국에는 최소한 세 종류가 돋는다는 것을 알게 되었고, 미국 동부지방, 특히 동남부지방에서 돋는다는 것이다. 그 뒤부터 산에 가면 정말 한동안 땅만 바라보고 걸었다. 그리하여 드디어 그 세 종류를 모두 발견할 수 있었는데, 미국에서 출판한 버섯도감들 가운데 이 세 종류의 연지버섯을 모두 싣고 있는 도감이 없다는 점에서 더욱 놀랍고 기뻤다.

그동안 연지버섯은 그 생긴 것이 마치 말불버섯(puffball)과 비슷하기 때문에 복균강(Gasteromycetes)에 속하는 것으로 분류하였으나 DNA 검사방법이 발달한 지금 연지버섯에 대한 DNA 검사에 따르면 그물버섯속(Boletes) 또는 최소한 그물버섯속에 아주 가까이 관련이 있는 것으로 생각하고 있다. 뿐만 아니라 그동안 연지버섯은 부생균(saprobe)으로 생각해 왔으나 사실은 공생균인 균근균(mycorrhizal)이라는 것도 밝혀졌다.

캐나다의 앤드류 윌슨(Andrew Wilson), 에릭 하비(Erick Hobbie), 그리고 데이비드 히벳(David Hibbett) 세 사람은 Canadian Journal of Botany(85:385-393) 최근호에서 이러한 사실을 발표하였다. 부생균이나 균근균은 탄소와 질소를 다른 공급원으로부터 얻게 된다. 이 세 사람은 이러한 사실에 입각하여 연지버섯이 어디서 탄소와 질소를 얻는지 그 근원을 추적하였더니 참나무(Oak, Quercus)에서 온다는 것을 밝혀냈다. 즉 연지버섯은 참나무와 공생관계에 있는 균근균이었던 것이다. 균근균이란 쉽게 말하면 어느 특정 나무의 잔뿌리 끝에 붙어서 버섯은 나무에게 수분과 여러 유익한 광물질 등 양분을 끌어다 주고 대신 나무는 탄소 동화작용을 할 수 없는 버섯에게 당분(sugar)을 공급해 주는 공생관계에 있는 균을 말한다.

오늘도 땅을 내려다보며 숲 속을 걸으면서 많은 수목이 내뿜는 정기(精氣)라도 들여 마시려는 듯 심호흡과 더불어 마음속 하나 가득 감사함이 넘친다. 앞으로 얼마나 더 오래 살지는 모르지만 은퇴하고 나서 지난 20여 년 동안 버섯을 관찰하며 숲 속에서 보낼 수 있었던 것은 참으로 특권이요, 기쁨과 경이감, 놀람의 연속이었으니 얼마나 감사한 일인가!

"자연을 닮은 사람들" 자연농업 웹 페이지(www.naturei.net)를 통하여 그 기쁨을 여러분과 함께 나눌 수 있었던 것도 얼마나 다행하고 감사한 일인지 모른다. 이렇게 아름답고 좋고 놀라운 세상은 나 혼자만 즐기라고 주어진 것이 아니리라. 많은 사람이 두고두고, 또 오고 오는 세대마다 길이길이 즐길 수 있도록 돌보고 가꾸고 보전하여야 할 책임을 깨닫는다. 그냥 방치하기엔 이 세상이 너무나 좋고 아름답고 신기하기만 하기 때문이다.

🍄 나의 한 줄 기도

대림 2주 토요일

비타민 C가 풍부한
소혀버섯(시편 71:24)

소혀버섯
Fistulina hepatica (Schaeff.) With. 영어이름은 Beefsteak Polypore 또는 Ox-tongue Fungus.

영어이름 가운데 beefsteak라는 말이 들어 있는데 그 조직의 생김새와 이 버섯에서 나오는 붉은 액체가 마치 붉은 살을 가진 소고기처럼 생겼기 때문에 붙인 이름이다. 이 버섯을 칼로 베어 보면 그 조직이 영락없는 소고기처럼 생겼다. 물론 영어이름 가운데 ox-tongue이라는 이름이 있기는 하지만 뭐니 뭐니 해도 "소혀버섯"이라는 우리 한국어 이름이 이 버섯의 모양새를 가장 잘 보여주고 있다.

생으로 저며서 야채샐러드에 넣어 먹거나 이 글을 쓰는 사람은 한 조각씩 상추쌈에 싸서 먹어 보기도 하였는데 그 맛이 괜찮다. 방대한 분량의 버섯도감을 펴낸 데이비드 아로라(David Arora)는 소혀버섯을 얇게 썰어 양념한 식초와 올리브기름에 쟁여 두고 먹는다고 하였다. 다만 강한 신맛이 난다. 그래서 레몬을 사용해야 하는 요리에 적합하고 또 이 버섯 겉껍질에 고기를 연하게 하는 성분이 들어 있어 고기 요리에도 사용한다. 신맛 때문에 벌레가 잘 먹지 않는다. 익혀 먹으면 간처럼 되어 "간과 비슷한"이라는 종명이 말해주는 그대로다. 고기처럼 버섯 대부분에 비타민 C가 들어 있지 않지만 오직 이 소혀버섯에는 그 100g당 150mg의 비타민 C가 들어있어 인간에게 필요한 매일 기준치의 다섯 배나 더 많이 들어 있다고 한다.

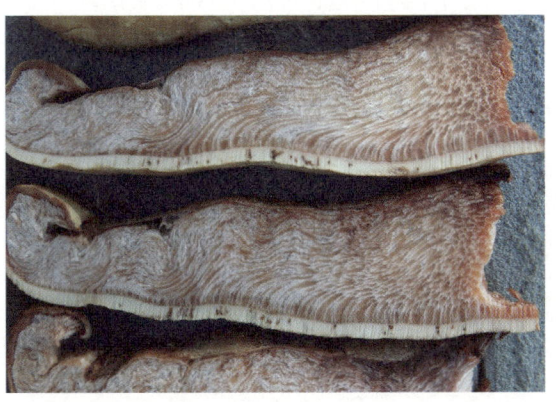

소혀버섯의 자른 단면이 마치 소고기 자른 단면과 비슷하다.

이 버섯은 주로 여름에 죽은 참나무나 밤나무 위에 돋고 심지어 살아 있는 참나무에도 돋는 부생균이자 기생균이기도 하다. 특히 산 참나무에 반기생균이다. 그래서 참나무의 심재부후(心材腐朽)를 일으키는데 그 썩는 과정이 매우 더디다. 부후를 일으키는 과정 가운데 참나무가 다 썩기 전에 참나무의 속(心材) 색깔을 적갈색 얼룩으로 변하게 하기 때문에 "갈색 참나무"라 하여 부엌 찬장 만드는 목수들에게 그 인기가 높다고 한다.

또 소혀버섯을 말린 가루는 털실이나 그 밖의 동물성 섬유 및 실크에 베이지색이나 회갈색 물을 들이는 천연염색 물감으로 사용할 수 있다.

"나의 혀도 종일토록 주의 의를 작은 소리로 읊조리오니 나를 모해하려하던 자들이 수치와 무안을 당함이니이다"(시편 71:24)

🍄 나의 한 줄 기도

대림절(待臨節, Advent), 셋째 주

버섯과 문화

이웃집 뒤뜰에 목각 곰보버섯 세 송이가 돋았다. 마치 미국에서 돋는 곰보버섯의 세 종류를 대표해 보여주는 것 같다. 이 집주인은 틀림없이 버섯을 좋아하는 문화권에서 온 사람의 후손일 가능성이 높다. 독일이나 이탈리아 아니면 러시아나 동구권 사람들의 후손일 것이다.

　　미국의 야생버섯 중독사례에서는 물론 한국에서도 장마철이 지난 바로 뒤에 야생버섯 중독사건이 빈번하게 일어난다는 사실이 말해주는 것처럼, 어째서 유독 아시아 사람들의 야생버섯 중독 사례가 많은 것일까? 식생활 습관은 분명 어느 민족이나 나라의 음식

미국달걀버섯
Amanita Jacksonii Pomerleau =*Amanita caesarea* (Scopoli) Persoon =*A. hemibapha*(한국 학명) 영어이름 American Caesar's Mushroom 참나무, 미국 솔송나무, 소나무와 공생 관계에 있는 균근균이다. 유럽에서 돋는 맛이 썩 좋은 달걀버섯 *Amanita caesarea*와 달리 미국에서 돋는 것은 맛이 별로 없다.

문화의 한 표현에 지나지 않는다. 그렇다면 버섯과 문화 사이에 어떤 상관관계가 있는 것이 아닐까?

    러시아의 문호 톨스토이의 작품 『안나 카레리나』(1877)에 보면 버섯 채취하는 이야기가 세 장면이나 나온다고 한다. 한 장면에 보면 아이들이 시시한 문제로 말다툼을 벌이자 아주 엄격한 영국인 가정교사로부터 야단을 맞는다. 이때 애들 어머니가 들어와 아이들에게 헌 옷으로 갈아입고 밖에 나가서 버섯을 따오라고 이른다. 아이들이 기쁨과 기대 가운데 환호성을 지르자 방안 분위기가 금방 바뀐다. 또 한 장면은 숲 속에서 연인들이 사랑을 속삭이고 있었는데 화제가 곁길로 나아가 버섯 식별에 관한 문제로 바뀌자 사랑을 나누던 장면이 잠시 중단된다.

러시아에서는 버섯 채취가 한 국가적 오락과도 같다고 한다. 그래서 가을에는 시골길을 달리던 기차가 갑자기 그 가던 길을 멈추고 여성들이나 그 가족들이 모두 기차를 내려서 버섯을 채취하도록 기다려 주기까지 한다는 것이다. 일반 가게나 신문판매점에서 식용 버섯의 사진과 설명이 들어있는 소책자를 판매하기도 한다. 버섯 사진이 실려 있는 러시아의 그림엽서를 10여 장 구경한 적이 있다.

그러나 이와 반대로 영국문학뿐만 아니라 영어권 문학에서는 버섯이 죽음과 부패의 이미지를 불러일으키고 있다. 탐정 소설의 대가 아서 코난 도일의 이야기를 들어 보자.

> "마침내 비가 그쳤다. 그리고 핼쑥한 가을 햇볕이 빗물로 흥건하게 젖은 땅 위를 비추고 있었다…. 들판에는 이전에 볼 수 없었던 크기와 색깔을 가진 괴물 같이 생긴 버섯들이 새빨간 색과 엷은 자주색, 적갈색, 흑색으로 점점을 이루고 있다. 그것은 마치 병든 지구가 갑자기 더러운 고름주머니를 터뜨린 것과 같고, 곰팡이와 이끼가 벽을. 얼룩덜룩하게 만든 것과 같으며, 그 더러운 속출물(續出物)로 말미암아 빗물로 흠뻑 젖은 땅으로부터 죽음이 솟아난 것 같다."
>
> – Arthur Conan Doyle, *Sir Nigel*, 1906 중에서

이렇게 버섯에 대한 태도가 상당히 부정적이다.

위의 두 이야기가 보여주는 것을 보면 전 세계적으로 버섯에 대하여 크게 두 가지 문화적 태도가 있다는 것을 알 수 있다. 대체로 영어를 사용하는 앵글로 쌕슨(Anglo-Saxon) 문화는 버섯을 두려워하는 문화(mycophobia culture)이고, 그 밖의 다른 나라들, 이를 테면 프랑스나 독일, 이탈리아, 러시아를 포함한 모든 동유럽 사람들과 아시아 사람들은 버섯을 좋아하는 문화(mycophilia culture)를 가지고 있다.

버섯을 두려워하는 문화권에서는 자연히 버섯에 대한 연구가 아주 부진하다. 그러나 한편 독버섯으로 말미암은 사고는 극히 적은 편이다. 물론 미국에서도 양송이 재배와 판매고가 높지만 이 일을 시작한 사람들은 영어권 사람들이 아니라 프랑스 계통 사람들이다. 그래서 그런지 미국 텔레비전 방송에서는 야생버섯에 관한 다큐멘터리가 방영되는 것을 시청해 본 적이 없고, 버섯 그림이 들어 있는 우표를 본 적이 없다. 다른 한편 버섯을 좋아하는 문화권, 특히 아시아에서는 버섯에 대한 약용 실험과 요리법, 인공재배 등 활발한 버섯 연구가 진행되는가 하면 또 그만큼 야생 독버섯으로 인한 중독사고가 자주 일어난다.

대림 3주 주일

버섯과 문화

알광대버섯 *Amanita phalloides* (Vaill.ex Fr.) Link 영어이름
Death Cap
사진출처: Wikimedia Commons

미신이 판치던 중세 시기에는 버섯이 초자연적 신화와 관련되었다. 아마도 그 신화들은 아무것도 없던 곳에서 갑자기 돋아나 신속하게 자라서 또 눈 깜짝할 사이에 없어지기도 하고 또 온갖 이상한 모양새와 온갖 현란한 색깔을 가지고 있기 때문에 생겨났을 것이다. 그래서 자연히 독두꺼비, 달팽이, 뱀, 마녀나 마귀할멈과 연결

되어 악(evil)에 가까운 것으로 파악되기도 하였다. 따라서 어떤 사람을 독살하는 옛날이야기나 동화가 생겨나게 된다.

옛날 로마에서는 정적이 된 황제를 독살하는 전설이 있다. 주후 54년에 로마의 티베리우스 클라우디우스(Tiberius Claudius)의 부인이 자기 아들 네로(Nero)를 황제 자리에 올려놓기 위하여 자기 남편 클라우디우스에게 "죽음의 모자"(Death Cap)라고 부르는 치명적 맹독을 가진 알광대버섯(*Amanita phalloides*)을 먹여 독살하였다고 한다.

또 클린트 이스트우드가 주연한 미국 남북전쟁을 배경으로 한 현대 영화에서도 남부 지역에 여자들만 남아 있는 곳에 몸을 피신한 클린트 이스트우드가 질투의 대상이 되어 여자들이 독버섯을 요리하여 먹임으로써 독살하려던 이야기를 볼 수 있다. 다행하게도 치명적인 독버섯이 아니어서 목숨을 건지긴 했지만, 이러한 이야기들은 대체로 버섯에 대한 부정적 영향을 미쳐서 버섯을 두려워하는 문화를 낳는 것이다.

그러나 버섯을 좋아하는 문화권에서는 사정이 좀 다르다. 이를테면 스위스에서는 버섯 검사관의 검열을 거친 야생버섯은 일정 장소에서 판매하고 있다. 프랑스에서는 약국의 약사들에게 야생버섯을 식별해 줄 수 있도록 특별 훈련을 시킨다고 한다. 핀란드에서는 여러 세기 동안 동방정교회 교인들이 그물버섯(*Boletus edulis*)을 다량 채취하여 말려 두었다가 사순절 음식으로 사용하였다고 한다.

특히 제2차 세계대전 중에는 식량이 부족하여 야생버섯 식

그물버섯 *Boletus edulis* Bull. 영어이름 King Bolete, 독일어이름 Steinpilz
사진출처: Wikimedia Commons

용 습관이 점차 증가하였다. 그 뒤에 1969년부터 1983년에 걸쳐 야생버섯 식용을 권장하기 위하여 정부시책으로 1,600여 명의 버섯 권고 전문가와 5만여 명의 버섯채취자들을 훈련시켰다고 한다. 특히 버섯식별을 전문으로 하는 22명의 버섯검사관이 이 일을 주관하였다는 것이다. 핀란드 주민은 언제 어디서나 버섯을 채취할 권리가 있다고 하며, 1979년에 이르렀을 때는 국민의 72%가 야생버섯을 채취하게 되었다고 한다. 그런데도 버섯중독 사례는 매우 드물어서 1936년에서 1978년 이르는 동안 오직 6명만이 버섯중독으로 사망하였다.

2019년에는 이러한 나라에서 야생버섯을 동정해 줄 수 있는 사람들을 교육시켜 자격증을 준다고 한다. 미국 펜실베이니아 주에서도 역시 버섯 교육을 통하여 식당이나 점포에서 야생 식용버섯을 판매할 수 있는 허가증을 주고 있다.

동부 유럽으로 가게 되면 야생버섯에 대한 관심이 한 층 더 높아져서 식용버섯이 가장 많이 도는 가을에는 야생버섯 채취가 하나의 사회적 활동이자 오락적인 활동이 되고 있을 정도다. 내가 살던 동북 펜실베이니아 스크랜톤(Scranton, Pennsylvania. 한국은 1960년대까지만 해도 여기서 석탄을 수입해 갔다고 한다. 지금도 이 지역에는 40년 동안이나 미국 전 국민의 연료를 댈 수 있을 정도로 막대한 석탄매장량을 가지고 있다고 하는데 현재 석탄 산업은 완전히 휴면상태이다.) 지역에는 1800년대 말 1900년대 초에 석탄 탄광에서 일하기 위하여 특히 동구권 사람들이 많이 이민 와서 살고 있기 때문에, 가을에 산으로 버섯을 채취하러 가면 이들을 종종 만나게 된다. 그리고 특이한 풍경은 집 앞에 서 있

곰보버섯 조각품
지금 사는 곳에서 동북쪽으로 약 150km나 떨어진 펜실베이니아 산악지역에 버섯을 찾으러 갔다가 돌아오는 길에 토종 꿀을 판다는 광고를 보고 꿀을 사러 들렀더니 그 집 정원에 키가 약 1m나 되는 곰보버섯 조각품이 서 있었다. 역시 독일계 후손으로 봄이면 그 지역에서 곰보버섯을 많이 채취하여 먹는다고 한다.

던 나무를 베고 남은 등걸을 버섯 모양으로 조각하여 정원 장식용으로 사용하는 집이 상당히 많이 있다는 사실이다. 혼인 피로연 잔치를 전문으로 하는 어느 식당 주변에는 이렇게 버섯을 조각해 놓은 것이 10여 개나 서 있는 것도 볼 수 있었다. 이렇게 버섯 목각품이 서 있거나 버섯 조각품으로 정원을 장식한 집은 대체로 동구권에서 온 조상들의 후예임을 가려낼 수 있다.

내가 사는 지역에서는 해마다 곰보버섯이 돋는 4월이면 미국 대통령 별장이 있는 산에 주차할 곳이 없을 만큼 많은 독일계 사람들이 와서 곰보버섯을 채취하는 것이 연례행사처럼 되어 있다. 할아버지 때부터 전해 내려오는 한 가정의 문화행사가 된 것이다.

"하나님의 지으신 모든 것이 선하매 감사함으로 받으면 버릴 것이 없나니 하나님의 말씀과 기도로 거룩하여짐이라"(디모데전서 4:4-5)

"그들의 목구멍은 열린 무덤이요 그 혀로는 속임을 일삼으며 그 입술에는 독사의 독이 있고"(로마서 3:13)

🍄 나의 한 줄 기도

대림 3주 월요일

야생버섯 중독의 사회학

흰갈대버섯
Chlorophyllum molybdites Massee 영어이름은 이 버섯의 포자색이 초록색이라 Green Spored Lepiota 또는 Green Spored Parasol 인가 근처, 학교, 공원 잔디밭에 한여름 소나기 뒤 많이 돋아 미국에서 가장 많이 중독사고를 일으키는 버섯이다. 사진에 오른쪽 유균으로부터 왼쪽으로 성균에 이르는 버섯의 주름살이 점점 더 초록빛을 띄우는 것을 볼 수 있다.

야생버섯에 중독된 사람들에 대한 사회학을 검토해 보면 대체로 어떤 부류의 사람들에게 중독 사고가 많이 발생할지 예측할 수 있다. 미국의 경우를 보면 야생버섯을 먹고 중독된 사람들이 보여주는 예측 가능한 사회학적 패턴을 발견하게 되는데, 아마 다른 나라에서도 비슷한 패턴을 볼 수 있을 것이다. 중독 사고가 나는 사람들을 살펴보면 첫째, 취약한(vulnerable) 사람들과 둘째, 부주의한(reckless) 사람들로 크게 대별할 수 있다. 취약한 사람들이라 함은 어린이, 노약자(老弱者), 이민(이주)자를 말하고, 부주의한 사람들이라 함은 버섯에 관한 속설 신봉자와 약물중독자, 그리고 간혹 심리적 장애를 가진 사람들을 말한다.

어린이의 경우

특별히 2-4살의 유아의 특징은 무엇이든 손에 닿는 것을 집어서 입에 넣는 습성이 있다. 그렇기 때문에 어린이들의 버섯 중독사고의 거의 80% 이상이 바로 이 연령대의 유아들이다. 물론 도시에 사는 유아들에게는 야생버섯을 먹을 확률이 높지 않지만 시골에 살든지 아니면 이른바 전원주택에 사는 어린이들에게는 야생버섯 중독사고의 위험성이 높다. 왜냐하면 여러 종류의 독버섯들이 인가 근처 잔디나 풀밭에 흔히 돋기 때문이다. 도시 어린이들이라 하여도 야외에 나갔을 경우 공원에서 버섯을 만나기 쉽다.

노약자의 경우

노인들이 버섯에 중독되는 이유는 대체로 버섯을 잘못 동정하여 생긴다. 물론 노인들이라고 하여 다 그런 것은 아니지만, 나이가 들면 자연히 노화현상으로 눈도 침침해지고 버섯 모양새에 대한 기억력 약화 또는 상실, 그리고 일반적인 버섯 관찰력의 감소 등으로 전에 익숙하게 잘 동정하던 버섯들도 잘못 동정하는 경우가 있다. 노인의 경우 미각과 후각에 변화가 와서 버섯 동정에 필요한 제대로 맛을 보거나 냄새 식별이 곤란하게 된다는 것을 지적한 바 있다. 또 연세가 드신 분들은 소화력도 약해져서 늘 많이 식용하던 버섯으로 말미암아 위장장애를 일으키는 경우도 생긴다.

이민(이주)자의 경우

미국은 이민으로 이루어진 나라이다. 지금도 계속 이민자들이 미국으로 들어오고 있다. 따라서 이민자들의 야생버섯 중독사고 또한 빈번하다. 중독사고를 일으키는 이민자들은 대체로 야생버섯을 채취하여 식용해 온 역사가 깊은 나라에서 온 사람들이다. 특히 야생버섯을 좋아하는 문화를 가진 국가에서 이민 온 사람들은 야생버섯 식용의 전통과 함께 이들이 새로운 나라로 이민 왔을 때 만나는 버섯들이 조상국가에서 만난 버섯들과 어떻게 차이가 있는지 알 길이 없다. 이제 한국 사회도 다민족 다문화 사회이기 때문에 이 점 염두에 두어야 할 것이다.

그러면 다른 나라에서 이민 온 사람들에게만 버섯 중독사고가 나는 것은 아니다. 이민자들 못지않게 이주자들에게도 중독사고가 일어난다. 왜냐하면 지역에 따라 같은 종류의 버섯이라도 그 모양과 색깔도 다르고 독성 또한 다르기 때문이다. 노란다발버섯의 경우 한국이나 일본 유럽에서 돋는 것은 치명적인 독성을 가졌다고 한다. 그러나 미국에서 돋는 것은 위장장애 정도의 독성이 있다고 한다. 그래서 각 지역의 버섯도감이 필요하고 또 지역 정보 또한 중요하다.

거기다가 이민이라는 현상은 사람들에게만 일어나지 않고 버섯에도 일어난다. 외국에서 나무나 식물을 수입하였을 경우 나무에 묻어오는 부생균은 물론 수입하는 식물 뿌리 주변에 있는 균근균마저 수입하여 새로운 종류의 버섯을 돋게 한다.

약물중독자의 경우

환각상태를 경험하기 위해 환각작용을 일으키는 독버섯을 먹

노란다발버섯
Hypholoma fasciculare (Huds.) P. Kumm. 영어이름 Sulphur Tuft 늦은 봄과 가을에 돋는 독버섯으로 포자색이 자갈색이고 그 맛이 쓰다. 유럽이나 한국에서 돋는 것은 치명적이지만 미국에서 돋는 것은 위장장애를 일으키는 정도의 독버섯이다. 가을에 노란 뽕나무버섯과 혼동하기 쉽다.

고 중독되는 경우를 말한다. 버섯에 관한 속설 신봉자의 경우는 야생버섯에 관한 속설만 믿고 야생버섯을 채취하여 식용함으로써 중독사고가 발생한다. 말하자면 "색깔이 화려한 것은 독버섯이다"와 같은 속설을 말하는 것이다. 오래전부터 부모나 친지들한테서 들어온 버섯에 관한 속설은 오직 그 속설이 생겨난 지역이나 특정 경우를 제외하고 일반화하여 믿고 야생버섯을 채취하여 식용하는 것처럼 어리석고 위험한 일이 또다시 있을까? 더욱이 환경변화와 새로운 종류의 버섯들이 돋아나고 있는 마당에 속설에만 의존하는 것은 말도 안 된다.

심리적 장애자의 경우

드물지만 심리적 장애로 말미암아 자살하기 위하여 독버섯을 먹는 경우이다.

미국의 경우 해마다 한인들은 물론 인도인, 태국인 등 이민자들의 버섯 중독 사고를 보도하고 있다. 그런데 놀라운 것은 인터넷 한인 신문들이 싣고 있는 야생버섯에 관한 기사들은 물론 유익한 정보도 있지만 잘못 전달된 정보와 내용들을 많이 담고 있어서 믿을 것이 못 된다는 점이다. 야생버섯에 대한 올바른 정보 제공과 교육이 시급하다는 생각을 떨쳐 버릴 수 없다.

"거류민이 너희 땅에 거류하여 함께 있거든 너희는 그를 학대하지 말

고 너희와 함께 있는 거류민을 너희 중에서 낳은 자 같이 여기며 자기 같이 사랑하라 너희도 애굽 땅에서 거류민이 되었더니라 나는 너희의 하나님 여호와이니라"(레위기 19:33-34)

"너는 이방 나그네를 압제하지 말며 그들을 학대하지 말라 너희도 애굽 땅에서 나그네였음이라"(출애굽기 22:21)

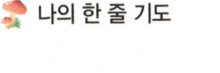 나의 한 줄 기도

대림 3주 화요일

목이와 반유태주의

(마태복음 27:25)

목이
Auricularia auricula Underwood 영어이름 Tree Ear 또는 Wood Ear. 쓰러진 활엽수 위에 목이가 가득 돋았다. 엄청난 양의 목이다. DNA 시대인 요즈음 목이에 대한 염기서열 검사로 대 여섯 종의 목이를 구분하기도 한다.

우리가 사랑하는 버섯이 반유태주의와 관련되어 있다고 하면 놀랍기도 하거니와 의아하기도 할 것이다. 그러나 버섯두려움증(myco-phobia)이 인종적 편견과 관련하여 역사 내내 그 어두운 그림자를 드리우고 있다. 인종적 편견을 버섯과 연결하여 우리 인간이라는 종족은 악의 가능성뿐만 아니라 버섯에 대한 비합리적 신념을 꾸준히 지속해 오면서, 동료 인간들에게 악행을 저질러 오고 있다는 사실은 버섯을 사랑하는 우리들이 보기에 매우 불행한 일이라고 할 수밖에 없다.

젤리형 버섯인 목이(Auricularia auricula)에 대한 이름 붙이기 역사와 나치 프로파간다를 돌이켜보면 버섯이 나치즘의 선전 도구가 되어 유대인들은 도둑놈들이요, 살인자들이기 때문에 멸종시켜 마땅하다는 것을 설명하기 위해 악용해 온 역사가 오래다. 도대체 무슨 말인가? 버섯이 나치 선전 문건에 등장한다는 말인가? 놀랍게도 사실이다. 그것도 역사상 그 유례가 없는 아주 고약한 형태로 버섯을 악용하고 있다.

버섯두려움증은 독성에 대한 두려움이나 곰팡이류로 말미암는 부패에 대한 혐오 때문에 인간의 심성 가운데 깊이 뿌리박고 있고, 그 두려움이 상징적으로 또는 은유적(metaphoric)으로 버섯 세계에 대한 막연한 불안이나 공포 또는 비난을 낳게 하는 것이다. "악한 버섯"이라는 관념이 문화적 금기와 관련하여 인종차별주의적 선전에 악용될 경우 영어이름으로 "유대인의 귀"(Jew's Ear)라는 이름을 가진 목이(木耳)에 이르게 되면 지나쳐 버릴 수 없이 더욱 특별한 경우라 아니할 수 없다.

목이는 세계 어디에서나 돋는다. 중국요리에는 물론 우리 한국에서도 표고버섯과 함께 잡채에 빼놓을 수 없는 음식 재료다. 동서양을 통하여 "목이"(木耳)는 나무에 돋는 귀같이 생긴 버섯이라는 뜻에서 생긴 이름이다. 그래서 영어 이름도 "Tree Ear," "Wood Ear," 또는 "Jelly Ear"라고 부르며, 거기다가 어느 버섯전문가는 재미있는 표현으로 "반 고흐의 자화상 가운데 보이지 않는 부분"이라고 하여 모든 이름에 귀라는 뜻을 가지고 있다.

그러면 왜 목이를 영어이름으로 "유다의 귀"(Juda's Ear) 또는 "유대인의 귀"(Jew's Ear)라고 부르게 되었을까? 그 경위는 온갖 전설의 숲에 가리어 희미한 그림자만 보여줄 뿐이다. 하지만 그 희미한 그림자를 계속 따라가 보면 저 멀리 기독교인들의 경전인 신약성서 복음서까지 추적해 볼 수 있다.

어쨌든 분명한 사실은 목이의 학명이 19세기에 이르게 되면서 "*Hirneola auricula-judae*"(1874년 Elias Magnus Fries가 이 이름을 확정)라고 알려지게 되었고, 동시에 "유다의 귀"와 "유대인의 귀"라고 부르게 되었다는 점이다. 사실은 라틴어 학명 가운데 "*auricula-judae*"라는 말은 문자적으로 "유다의 귀"라는 뜻이다. 그리고 목이가 양딱총나무(elder, *Sambucus*)에서 돋는 관계로 특히 "유다의 귀"라고 부르게 되었다고 한다. 물론 목이는 여러 다른 활엽수와 침엽수에도 돋는다. 그런데 전설에 따르면 예수 그리스도가 달려 죽은 십자가는 양딱총나무로 만든 것이라고 하는 것과 더욱 중요한 것은 예수를 배반한 가룟 유다가 예수를 대제사장과 장로들(elders)에게 은 삼십 량을 받고 팔아 넘긴 뒤 자책감에서 목매달아 죽었는데 그가 목을 매단 나무가 바로 양딱총나무였다는 것이다.

귀처럼 생긴 자연산 목이. 이게 가룟 유다의 귀인가?

목이가 양딱총나무에서 돋는 버섯이라고 알려지자 신비스럽게도 가룟 유다가 목을 매단 나무도 양딱총나무였다는 전설과 연관되면서 그 나무에 돋은 귀처럼 생긴 버섯은 바로 가룟 유다의 귀를 상징한다는 것이다. 그런데 이 "유다의 귀"가 어떻게 "유대인의 귀"로 둔갑하게 된 것일까?

본래 유다(Judas)는 Judah의 그리스어 철자법이다. 그리고 이 유다(Judah)는 유대민족의 선조 가운데 한 족장의 이름이었다. 예수 탄생 전 10세기부터 이 민족은 처음에 유다라고 불렸고, 뒤에 유대아(Judea)라고 불렸다. 그래서 유대인을 뜻하는 "Jew"라는 말도 본래 유다 민족의 한 사람이라는 것을 뜻하였다. 서력기원 후 복음서가 편찬될 즈음 예수 배반자 유다에게 그 민족의 이름 유다를 붙여 줌으로써 말하자면 유다는 유대인의 한 원형으로 생각한 것이다. 유대인은 예수를 죽인 책임을 지고 있는 사람들이다(마태복음 27:25). 우리는 여기서 예수를 죽인 직접적 책임이 가롯 유다에게 있지 않고 "유대인들"에게 있다고 하는 것을 볼 수 있다. 더구나 두렵고 보기 싫은 것을 대표하는 유대인, 예수를 죽인 자, 곰팡이(버섯)가 서로 연관되면서 "유다의 귀"나 "유대인의 귀"라는 목이의 이름이 굉장한 유동성을 가지고 함께 사용되었을 것이다.

목이에 대한 학명이 *Auricularia auricula-judae* (Fr.) J. Schroet 라는 이름을 거쳐 1902년 Lucien Underwood가 목이 학명에서 "유다"(judae)라는 이름을 빼고 "*Auricularia auricula*"라는 학명으로 부르기까지 가롯 유다의 영향은 계속되었고, 특히 목이에 대한 영어이름인 "Juda's Ear"(유다의 귀)와 "Jew's Ear"(유대인의 귀)라는 이름도 그 반유대주의적 색채 때문에 아주 서서히 퇴조하기 시작하였다.

여기서 참고 삼아 말씀드리면 다행히 우리 한국에서는 목이를 "유다 또는 유대인의 귀"라고 부르는 법은 없지만, 아직도 그 학명에는 "judae"가 남아 있는 것을 볼 수 있다. 대체로 한국에서나 미국에서 *Auricularia auricula*라는 학명을 사용하고 있고 *A. aricula-judae*라는 학명은 참고하기 위한 것으로 병기하고 있는 것을 볼 때, 앞으로는 아에 반유대주의적(인종차별주의적) 의미를 없애기 위하여 참고용으로라도 "judae"는 아예 빼버리는 것이 좋을 듯하다.

> "백성이 다 대답하여 이르되 그 피를 우리와 우리 자손에게 돌릴지어다 하거늘"(마태복음 27:25)

🍄 나의 한 줄 기도

대림 3주 수요일

버섯 이름 붙이기에
얽힌 이야기(창세기 2:19-20)

신령버섯(통칭 아가리쿠스) *Agaricus blazei* Murrill
사진출처: 열두개울버섯마을

라틴어나 그리스어에서 유래한 버섯 학명들은 외우기도 어렵고 발음하기도 어려워 학명을 만나면 눈살부터 먼저 찌푸리게 된다. 학명을 줄줄 외우는 사람들이 부럽기도 하고 한편 어떻게 그 어려운 학명들을 다 외우고 있을까 의문이 들기도 한다. 그러나 우리는 이미 식물이나 버섯 학명에 익숙해 있는 경우가 많다. 이를테면 한국에 가로수로 많이 심는 나무 플라타너스(*Platanus occidentalis* L.)라든지 채소로 즐겨 먹는 아스파라거스(*Asparagus officinallis* L.)와 약용버섯으로 높이 평가받고 있는 아가리쿠스(*Agaricus blazei* Murrill 또는 *Agaricus brasilienis*)라는 이름들이 모두 학명이다.

예전 과학자들은 고전 그리스어와 라틴어를 구사할 수 있는 지식이 있었다. 실제로 라틴어는 여러 다른 나라 과학자들 사이의 국제적인 의사소통 수단이었다. 그래서 버섯을 연구하던 사람들은 물론 식물학자들이 식물이나 버섯 이름을 지을 때 주로 라틴어(간혹 그리스어)에 바탕을 두고 지었다. 그런데 불행하게도 이러한 이름들은 어떤 한 식물 또는 버섯을 설명하려 했기 때문에 그 이름(학명)이 길게 될 수밖에 없었다. 따라서 고전 교육을 받은 사람들조차 사용하기가 쉽지 않았다. 고대 그리스 시대부터 비슷한 종(種 species)들을 함께 묶게 되고 이 종들과 관계된 이름들을 같은 낱말로 묶어 요새 말로 속명(屬名 genus name)이 되었다. 특히 버섯의 경우 속명은 라틴 어근을 가진 낱말보다 그리스어에서 유래한 것이 더 많았고, 같은 속에 속한 종들을 구별할 때 긴 설명이 포함되어 어려운 문제가 생기게 되었다.

18세기에 이르러 과학의 개화기와 함께 새로 발견 서술된 식물과 버섯의 수가 놀랄 만큼 늘어났다. 이와 동시에 전 세계의 빈번한 교류와 함께 서방세계에 처음으로 알려진 종류들도 늘어났다. 이때 스웨덴의 천재적 식물학자 린네(Carolus Linnaeus=Carl von Linne, 1707-1778)가 학명체계를 라틴어로 표준화함으로써 종이와 시간과

주름버섯
Agaricus campestris L. 학명 끝에 L.이라는 약자는 칼 린네((Carl von Linne)가 이 버섯의 최초 명명자임을 나타낸다. 시중에서 판매하는 양송이 *Agaricus bisporus* (J. Lange.) Imbach의 원조상이 되는 버섯으로 맛 좋은 식용버섯이다.

노력을 크게 절약할 수 있었다. 그가 이룩한 일은 우선 식물(당시는 버섯도 식물가운데 포함되어 있었다.)의 이름 가운데 그 식물에 대한 긴 설명을 포함시키지 않았다. 린네는 오늘날 우리가 이명법(二名法)이라고 부르는 binomial system을 도입하였고, 모든 학명을 단 두 개의 이름으로 적어 첫째 이름은 속명이고 둘째 이름은 종명을 뜻하게 되었다.

사람의 이름으로 말하면 속명은 성이고 종명은 이름인 것과 같다. 그 뒤 버섯의 학명도 자연히 이명법을 따르게 되었다. 예를 들면 주름버섯의 학명은 *Agaricus campestris*인데 이탤릭체로 적고 속명의 첫 글자는 대문자로, 둘째 종명의 첫 글자는 소문자로 표기하게 되었다. 둘째 종명의 첫 글자를 소문자로 적는 이유는 그것이 형용사이기 때문인데 주름버섯의 경우 *campestris*란 이 버섯이 돋는 서식지를 가리켜 "들판의, 들판에서"라는 뜻이다.

일반적으로 버섯의 학명은 크게 세 가지 카테고리로 분류할 수 있다. 첫째 버섯의 모양을 설명해 주는 것, 둘째 공적이 많은 버섯 학자나 버섯을 처음으로 발견하고 설명한 사람을 기리기 위한 것, 그리고 셋째 버섯이 돋는 나라와 지역이나 지방을 나타내는 것 등이다. 버섯의 색깔이나 생긴 모양, 맛과 냄새, 돋는 모양, 크기 등을 설명해 주는 학명이 가장 많고 또 버섯을 동정하는 데 가장 유용한 이름이다.

노란각시버섯
Leucocoprinus birnbaumii (Corda) Singer 영어이름 Lemon Yellow Lepiota 노란각시버섯이라는 한국 이름처럼 앙증맞고 귀여운 예쁜 버섯이다. 흔히 화분이나 온실에 많이 돋는 부생균이다. 학명 옆에 괄호 안에 있는 Corda라는 분이 처음 명명한 것을 괄호 밖에 있는 Singer가 그 속을 바꾸었다는 것을 뜻한다.

우리나라의 버섯 이름을 예로 들면 생긴 모양을 보여주는 소혀버섯, 맛과 냄새를 보여주는 쓴송이와 마늘낙엽버섯, 색깔과 돋는 모양을 나타내는 노란다발버섯, 버섯 크기를 귀엽게 보여주는 애기꾀꼬리버섯 등등이다. 그리고 생긴 모양을 보여주는 버섯 이름가운데 연지버섯 같은 것은 너무나도 귀여운 이름이다. 한국 버섯 이름은 때때로 너무 귀엽고 예쁘다. 마치 빨간 입술연지를 바른 것 같아 연지버섯, 깨끗하고 고귀한 순결을 지키려고 눈이 부시도록 흰옷을 곱게 차려입은 듯 각시버섯, 마치 고깔을 쓴 것 같은 모양이라 고깔꽃버섯, 그리고 밤에 요정들이 원무를 춤추듯 선녀낙엽버섯…. 그 가운데 하나가 털작은입술잔버섯이다. 이 예쁘고 귀여운 술잔에 담은 한 방울의 술은 새벽이슬처럼 내 입술을 적시자, 아 ~ ~ 환히 밝

털작은입술잔버섯
Microstoma floccosum (Schwein.) Raitv. 영어이름 Shaggy Scarlet Cup 아주 작고 귀여운 버섯으로 해마다 6월이면 같은 장소에서 떨어진 활엽수 나뭇가지 위에 돋는다. 얼마나 귀엽고 예쁜지 해마다 6월이면 이 버섯을 보려고 같은 장소로 달려간다.

아 오는 내 마음, 어떤 깨달음이라도 오는 것인가?

이름이 왜 중요한지 그 이유는 여러분들이 더 잘 아시리라고 믿는다. 이름이 존재다. 이름은 존재의 특성을 잘 보여준다. 이름대로 되었으면 하는 바람과 소망을 담아 사람의 이름을 짓는다. 이름은 힘(power)을 가지고 있다. 이름과 함께 한 존재(버섯이라는 존재)는 영원하다.

처음 보는 버섯의 이름을 알아내었을 때의 기쁨은 새로운 버섯 발견의 기쁨 못지않게 크다. 왜 그럴까? 최소한 나에게 이름을 알지 못하는 버섯은 존재하지 않기 때문이다. 이름을 동정해 내었을 때 비로소 그 버섯이 존재하게 된다. 이름이 존재를 가능하게 하는 것이다. 이름이 존재다. 그렇다고 그 버섯이 우주에 존재하지 않는다는 말인가? 물론 그렇지는 않다. 나와 상관없이 그 버섯은 오랜 세월 존재해 왔고 또 존재할 것이다. 다만 내가 그 이름을 모르는 버섯은 나와 아무 관계가 없고 진정한 만남도 없다는 뜻이다. 이름을 알아낸 순간, 나는 비로소 그 버섯을 만난다. 나와 관계가 이루어진 것이다. 이름을 알자 나는 비로소 그 버섯과 인연을 맺는다. 바로 이름이 생명체와 생명체 사이의 교감을 이룩해 주는 것이다.

미국 시인 월트 휘트먼은 '낙엽은 신의 이름이 적혀 있는 편지'라고 말하였다. 그 뜻은 우주 삼라만상에서 신의 이름을 발견할 수 있다는 것이다. 생태계의 파괴와 생물종의 멸종이란 바로 그 생물종에 적혀 있는 신의 이름을 영원히 이 지구 위에서 지워버리는 일이다. 영원히 그 존재를 거부하는 일이요, 그 존재를 망각하는 일이다. 생물종의 멸종이란 영원히 그 존재와 관계를 끊는 일이다. 영원히 인연을 끊고 만남을 거부하는 일이다. 더 이상 영원히 그 존재의 이야기를 듣지 않는 일이다. 그 생물종이 보여주는 신비를 그 이름과 함께 영원히 지워버리고 생명체와 생명체 사이의 교감을 단절하는 일이다. 이에서 더 슬픈 일이 또 어디 있을까?

"… 아담이 각 생물을 부르는 것이 곧 그 이름이 되었더라 아담이 모든 가축과 공중의 새와 들의 모든 짐승에게 이름을 주니라…"(창세기 2:19-20)

 나의 한 줄 기도

대림 3주 목요일

균환(菌環)과
버섯에 대한 미신(迷信)

흰갈대버섯이 아파트 주변 잔디밭에 둥그렇게 균환을 그리며 돋고 있다. 포자색이 초록색인 독버섯이다.

버섯이 갑자기 둥그렇게 균환(菌環 ring)을 이루고 돋는 것을 보고 사람들은 여러 세기를 두고 이는 필시 어떤 어두운 세력, 아니면 어떤 무서운 힘의 작용이라고 믿었다. 운석(隕石)이나 유성(流星), 지면의 수증기, 마귀할멈의 소행이라고 믿었던 것이다. 프랑스에서는 균환을 가리켜 마술사의 고리라고 하였고, 오스트리아에서는 마귀할멈의 고리라고 하였다. 오스트리아 서부와 이탈리아 북부의 중앙 알

주름버섯이 균환을 그리며 돋았다.

프스의 산악지대인 티롤 지방 사람들의 전설에 의하면 불타는 용의 꼬리가 땅을 태워서 생긴 것이 균환이라고 한다. 홀랜드에서는 마귀가 버터를 만드는 큰 양철통을 놓아둔 표시가 균환이라는 것이다. 유럽에서는 거의 19세기까지 버섯 자체가 악령의 소행 또는 마귀할멈의 소행으로 돋는 것이라고 믿었다.

    서양에서는 버섯이 둥그렇게 원을 그리며 돋은 균환을 가리켜 fairy ring이라고 부른다. 영국에서는 그 이름 그대로 밤에 요정들이 나타나 둥그렇게 손잡고 춤을 추던 곳이라고 한다. 둥그런 원을 그리며 돋아난 버섯들은 요정들이 춤추고 난 다음 앉아 쉬는 자리라는 것이다. 특히 영국에 사는 시골사람들은 20세기가 시작되는 최근까지도 요정들이 둥그렇게 원을 이루며 춤추는 것을 보았다고 주장한다.

이러한 전승(傳承)들 가운데 한 가지 공통된 주제는 누구든 어리석게도 그 균환 속으로 들어가면 몹시 나쁜 결과가 기다리고 있다는 믿음이다. 그래서 눈이 먼다든가 발을 저는 장애를 갖게 되고 심지어 순식간에 사라져서 요정들이 사는 지하 세계의 노예가 된다고 한다. 웨일스에서는 균환이 생식력과 파멸과 관련되어 누구든지 어리석게 균환을 이루고 버섯이 돋은 땅을 갈아엎으면 요정들의 분노를 사게 된다고 한다. 그뿐만 아니라 가축이 균환 안쪽에서 풀을 뜯어 먹으면 그 가축의 젖이 부패한다고 믿었다.

이렇게 균환에 대한 미신적인 믿음에는 부정적인 측면만 있는 것이 아니고 긍정적인 측면도 있다. 버섯이 균환을 이루고 돋은 땅에 집을 지으면 행운이 온다는 것이다. 또 다른 전승에 보면 균환은 보물이 묻힌 자리인데 오직 요정이나 마귀할멈이 도와주어야 그 보물을 캘 수 있다고 한다.

버섯이 어떻게 생겨나는지 그 기원에 대하여 문화적 배경에 따라 각양각색의 희한하고 괴상한 속설들을 들을 수 있다. 아프리카에서는 버섯이란 죽은 자의 영혼 또는 인간의 영혼을 상징하는 것으로 생각하였다. 유럽 중부 실레지아(Silesia) 지방에서는 특히 곰보버섯이 악마의 소행으로 생긴다고 믿었다. 또 중미의 어린이 전설에 따르면 버섯은 숲의 영들이 비를 피하기 위하여 가지고 다니는 우산이라고 믿는다. 이 숲의 영들이 새벽에 지하 세계로 돌아갈 때가 되어 남겨두고 간 우산이 바로 버섯이라는 것이다.

그러면 실제로 왜 버섯이 균환을 이루면서 돈는 것일까? 버섯이 둥그렇게 원을 그리며 돈는 것은 땅속에 있는 균사(菌絲)가 바깥쪽으로 퍼지면서 그 가장자리 끝에서 동심원을 그리며 돈기 때문에 생기는 현상이다. 전에는 균륜(菌輪)이라고 하였으나 일본식 용어여서 균환으로 바뀌었다. 균환을 이루며 버섯이 돈는 것 또한 야생버섯의 신비에 속하는 한 현상이다. 자연에는 아직도 숨어 있는 비밀이 한두 가지가 아니다.

> "오직 은밀한 가운데 있는 하나님의 지혜를 말하는 것으로서 곧 감추어졌던 것인데 하나님이 우리의 영광을 위하여 만세 전에 미리 정하신 것이라"(고린도전서 2:7)

🍄 나의 한 줄 기도

대림 3주 금요일

마법의 버섯(Magic Mushrooms)에 얽힌 이야기(시편 51:10)

붉은환각버섯(임시이름, 한국 미기록종)
Psilocybe thrausta (Schulzer) Sacc. 영어이름 Fall Pumpkin Psilocybe 또는 Red-cap Psilocybe 가을에 나무 부스러기 덮게 즉 wood chip mulching한 곳에 무수히 돋은 것을 발견하였다. 환각버섯속 버섯이긴 하지만 환각성분인 실로시빈(psilocybin) 성분은 들어 있지 않다고 한다.

환각작용을 일으키는 독버섯을 흔히 "마법의 버섯"이라고 부르는데, 이 버섯들은 오랜 옛날부터 전 세계의 무속문화(shamanic culture)를 가지고 있던 사람들 사이에 널리 알려져 있었다. 특히 순록(馴鹿)을 목축하던 시베리아 유목민들로부터 남아메리카 마야 부족에 이르기까지 종교의식이나 여러 가지 질병 치료에 사용하였다.

현재 서구 문명이 이들 환각을 일으키는 버섯이 지닌 환상적 능력을 다시 발견한 것은 불과 반세기 전의 일이다. 1960년대에는 마약성 환각제 사용을 환영하여 그 최고조에 달했는데 이러한 현상을 반문화(counterculture) 또는 하위문화(subculture)라고 보았다. LSD를 비롯하여 여러 마약성 환각제를 사용하던 히피와 비트족 등 반문화적 생활양식을 보여주던 사람들이 있었는가 하면 다른 한편에는 환각제의 질병 치료 가능성을 들여다보던 사람들이 있었다.

이와 더불어 문화적 상상의 초점을 인간으로부터 인간 이외의 세계로 돌려놓았고 특히 1960년대 이후 거부 억압되어 온 환각체험을 새롭게 이해하는 의식의 변화를 몰고 오기도 하였다. 물론 이에 따른 마법의 버섯에 대한 부정적인 이미지는 물론, 맹목적인 환각 상태를 추구하는 사람들로 말미암아 미국 연방정부에서는 이 버섯들을 소지, 사용, 판매하는 것 자체를 연방법으로 금지하게 되었다.

말똥버섯
Panaeolus papilionaceus (Bull.) Quel. 환각성분이 들어 있는 독버섯으로 주로 말똥 위에나 소똥 위에 돋고 중독되면 중추신경에 작용하여 흥분, 환각, 일시적 발광 등 이상증상을 보인다고 한다.

그러나 현실도피라고 하는 부정적인 의도에서 마법의 버섯을 마약처럼 사용하려는 몰지각한 사람들의 행태를 떠나 긍정적인 측면에서 대중음악이나 미술에 영향을 주었을 뿐만 아니라, 정신질환 치료나 질병 치유의 촉매제로 각광받아 새롭게 연구하게 되었다. 이를테면 존스홉킨스대학교 의과대학에서 마약을 한 번도 경험해 보지 않은 사람들에게 환각버섯의 환각성분인 실로시빈(psilocybin)을 투여하고 이 사람들의 환각 체험을 들어 본 결과 적극적이고도 장기적인 세계관의 변화를 가져왔다고 한다.

다니엘 핀치벡(Daniel Pinchbeck)이라는 사람은 환각버섯의 도움으로 의식의 수준을 높임으로써 인간의 문제를 해결할 수 있다고 믿고 있다. 그렇다고 하면 문제는 마법의 버섯들을 어떻게 사용하느냐에 따른 문화적 이해의 차이에서 사람이나 사회에 긍정적 또는 부정적 영향을 미치게 된다는 것을 알 수 있다. 무서운 독버섯에서 사람의 생명을 살리는 귀중한 항암제가 개발되는 것처럼, 마법의 버섯을 가지고 정신 질환을 치료하고 적극적이고 장기적 의식변화나 세계관의 변화를 가져오는 일도 더욱 연구 개발되어야 할 것 같다.

이렇게 독버섯의 독이 일으키는 작용 또한 신비하기만 하다. 거듭되는 말이지만 우주 안에 존재하는 모든 것은 반드시 그 존재하는 이유와 목적을 가지고 있다(참고: 생태정의의 6원칙 가운데 제4원칙 목적원칙(The Principle of Purpose)). 오직 인간만이 그 존재하는 것들을 오용하여 그 존재의 이유나 목적을 소극적이거나 부정적인 것으로 만든다. 인간의 생각이나 관점만 바꾸면 모든 존재하는 것들의 적극적이고 긍정적 존재이유와 목적을 살려 낼 수 있을 것이다. 우리는 너무나도 당연하게 여기는 일상의 상투적 언어와 개념, 심하게는 맹목적 이념이나 신념에 노예가 되어 속박의 틀 안에 갇혀서 살아가고 있다. 만일 마법의 버섯이 이러한 속박의 틀에서 우리를 해방하여 인간 본래의 인간성이나 창의성을 되찾게 해 주고 인식이나 세계관의 변화를 가져올 수만 있다면 그 버섯들이 우주 안에 존재하는 긍정적 이유와 목적이 더 밝히 드러나지 않을까?

> "하나님이여 내 속에 정한 마음을 창조하시고 내 안에 정직한 영을 새롭게 하소서"(시편 51:10)

> "그 후에 내가 내 영을 만민에게 부어 주리니 너희 자녀들이 장래 일을 말할 것이며 너희 늙은이는 꿈을 꾸며 너희 젊은이는 이상을 볼 것이며"(요엘 2:28)

> "하나님이 말씀하시기를 말세에 내가 내 영을 모든 육체에 부어 주리니 너희의 자녀들은 예언할 것이요 너희의 젊은이들은 환상을 보고 너희의 늙은이들은 꿈을 꾸리라"(사도행전 2:17)

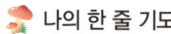 **나의 한 줄 기도**

대림 3주 토요일

광대버섯 성탄장식과
산타클로스의 비밀 (신명기 6:18-19)

광대버섯 *Amanita muscaria* (L.) Lam.
사진출처: Free Wallpaper Flare Amanita muscaria

러시아 극동 지역의 원주민으로 캄차카반도 바로 북쪽 캄차카 지방 베링해 연안에 거주하는 코리악(Koryak) 사람들은 광대버섯을 먹고 취한 순록들의 중독 상태가 갈아 앉을 때까지 묶어둔다. 그다음에 이 순록들을 잡아먹는데, 그 고기를 먹은 사람들 또한 중독된다. 1976년 조나단 오트(Jonathan Ott)라는 버섯연구가는 시베리아 오지 사람들의 한겨울 축제에서 광대버섯을 먹는 문화적 풍습이 오늘날의 산타클로스 모습 형성에 영감을 주었을 것이라고 하였다.

시베리아 사람들의 겨울 주거지인 천막은 지붕에 연기 구멍이 있고 그것을 자작나무 버팀목이 받치고 있다. 한 겨울 축제 때 시베리아 샤먼(shaman)은 말린 광대버섯이나 광대버섯을 먹은 사람의 오줌이 들어 있는 자루를 가지고 연기구멍으로 들어와서 의식을 행한 다음, 자작나무 버팀목을 타고 올라가 연기구멍으로 빠져나간다. 보통 사람들은 샤먼이 스스로 날아다닐 수 있거나 순록을 타고 날아다닌다고 믿고 있다.

이렇게 하여 우리의 산타클로스 할아버지는 바로 광대버섯의 색깔인 빨갛고 하얀 옷을 입고 선물 보따리를 메고 굴뚝으로 드나들면서 순록이 끄는 썰매를 타고 날아다니며 북극에 살고 있다고 믿게 된 것이다. 시베리아는 유럽 사람들이 생각하기에 북극이나

광대버섯 성탄 장식

다름없는 오지이다. 더욱이 중부 유럽에서는 광대버섯이 굴뚝 청소부와 관련되어 굴뚝 청소부들이 광대버섯 그림을 자기들의 문장(紋章emblem)으로 삼고 있는데, 아마도 이것은 저 먼 시베리아 사람들의 한 겨울 축제의식을 반영해 준다.

이러한 이야기와 더불어 단순한 빨간색과 흰색을 가진 광대버섯 크리스마스트리 장식은 어떻게 산타의 순록이 날아다닐 수 있는지에 대한 오랜 비밀의 열쇠를 쥐고 있다. 많은 크리스마스 상징과 문화적 전통의 기원은 세계 북반구 지역 사회의 민속에서 찾을 수 있다. 환각독성을 가진 광대버섯(Amanita muscaria)과 크리스마스의 연관성은 고대 시베리아의 샤먼에게서 찾을 수 있다.

카모선(Camosun)대학의 인류학자인 니콜 킬번(Nicole Kilburn)에 따르면 샤먼은 광대버섯을 채취하여 나뭇가지에 매달아 말리거나 양말에 넣어 불 옆에 걸어 두고 말린다고 한다. 그리고 샤먼은 한겨울 동지(冬至) 기간에 흰색 물방울무늬가 있는 독특한 빨간 모자와 함께 말린 광대버섯을 선물로 마을 사람들에게 나누어 준다. 왜냐하면 광대버섯은 고대 시베리아 지역사회에서 동지의식(冬至儀式)의 중요한 부분을 차지하고 있기 때문이다. 마을 사람들은 한겨울 동지 기간에 말린 광대버섯 선물을 조심스럽게 소비할 것이다.

킬번(Kilburn) 교수가 고대 석재 조각을 조사해 본 결과 순록이 광대버섯을 먹는 것으로 조사되었다. 순록이 광대버섯을 먹고 중독되면 껑충껑충 뛰어다니는 것이 마치 날아다니는 것처럼 보인다고 한다. 1,000년 이상이나 순록이 날아다닌다는 것이 석재 조각에 나타나고 있고 어떤 이미지는 흔히 순록의 뿔 끝에 날개가 달려 있는 이미지도 있다는 것이다.

광대버섯은 사람들에게 유독하지만 순록은 이 버섯 먹는 것을 좋아하고 먹은 뒤에는 이리저리 껑충껑충 뛰어다니는 것이 마치 날아다니는 것처럼 보인다. 나의 경험으로 보아도 사슴들이 버섯들, 그것도 독버섯들을 즐겨 먹는 것을 관찰할 수 있었다.

이와 같이 광대버섯이 성탄나무 장식품으로 사용하게 된 데에는 단순한 장식품 이상의 역사적인 민속문화적 의미가 담겨 있다. 특히 산타클로스 할아버지와 관련하여 특이한 장식품이라는 것 이상의 옛 동지의식과 한겨울 동지 기간 동안 옛사람들이 무엇을 하고 있었는지에 대한 이야기도 들려주고 있는 것이다.

> "여호와께서 보시기에 정직하고 선량한 일을 행하라 그리하면 네가 복을 받고 … 아름다운 땅을 차지하리니…"(신명기 6:18-19)

🍄 나의 한 줄 기도

대림절(待臨節, Advent), 넷째 주

버섯으로
지구 다시 살리기

곰보버섯
Morchella americana Clowez & Motherly 영어이름 Morel *Morchella esculenta* (L.) Pers. (한국이름. 이 학명은 유럽종 이름이다.)

중금속을 흡수 저장하는 곰보버섯 (요엘 1:12)

곰보버섯은 맛이 좋아 전 세계적으로 그 인기가 높다. 그런데 곰보버섯은 인공재배가 쉽지 않아 아직 크게 성공하지 못하고 있기 때문에 현재 시중에 나와 있는 곰보버섯은 대체로 이른 봄에 채취하여 말려 둔 자연산이다. 신선한 자연산 곰보버섯은 비싼 값에 판매되고 있다.

야생버섯을 좋아하는 사람들에겐 겨울이 더 길어 보인다. 봄이 오자마자 잔설이 모두 녹으면 기온은 섭씨 10도(화씨 50도) 이상으로 올라가기 시작하고, 곰보버섯 철이 돌아왔음을 알려주는 징조들이 산과 들에 여기저기 나타난다. 곰보버섯이 잘 돋는 미국의 생태환경은 여러 가지이지만, 가장 손쉽게 찾아갈 수 있는 곳은 역시 옛 사과 과수원이다. 사과나무가 죽어 갈 무렵 그 나무 밑에서 돋기 시작하는 곰보버섯은 그 사과나무가 완전히 죽어 없어질 때까지 해마다 같은 곳에서 계속 돋는다.

우리가 관심을 기울여야 하는 것은 곰보버섯의 중금속 오염 문제다. 지금도 미국 동북부지역의 뉴욕주나 뉴저지주는 물론 펜실

키다리곰보버섯
Morchella angusticeps Peck 영어이름 Black Morel =*Morchella elata* Fr. 백합나무와 양물푸레나무와 공생관계에 있는 균근균이자 부생균이다.

베이니아와 메릴랜드주의 주요 농산물 가운데 하나는 사과다. 특별히 19-20세기의 사과는 가장 중요한 농산물이었다. 자연히 20세기 초 사과 과수원의 해충방제를 위하여 비소나 납 성분이 들어 있는 비산납(lead arsenate) 살충제를 많이 살포하였다. 그렇기 때문에 사과를 더 이상 수확할 수 없어서 버린 옛 과수원 토양 속에 그 살충제의 비소나 납 성분이 아직도 잔존하고 있다. 그러므로 옛 사과 과수원 사과나무 밑에서 돋는 곰보버섯은 과수원 토양으로부터 흡수하여 축적한 비소와 납 성분은 물론 다른 중금속 성분을 함유하고 있을 가능성이 높다.

비소를 사용해 온 역사는 길다. 16세기에는 독으로 이용하였고, 페니실린이 발명되기 전 1900년대의 매독 치료제로 사용하였으며, 초록색 그림물감으로, 또 유리와 반도체 생산에, 비산납 같은 살충제로, 그리고 나무가 썩지 않도록 합판 만드는 데 사용하기도 하였다. 자연에서는 물이나 공기 속에, 그리고 비소를 많이 함유한 암석이 자연적으로 풍화하는 과정에서 토양 속에 존재한다. 그렇기 때문에 미국은 물론 전 세계 토양 속에 어느 정도의 비소가 자연적으로 존재하는 것이다. 미 서부지역이나 국가적 재난을 겪었던 방글라데시 같은 나라의 광산지역과 제련소 지역의 토양, 그리고 비산납 살충제를 사용한 모든 농장의 토양 속에는 엄청나게 높은 양의 비소가 농축되어 있다. 비산납 살충제 속에 함유된 비소는 파괴되지 않고 토양 속에 남아있게 되어, 이러한 중금속으로 오염된 음

반삿갓곰보버섯(임시이름)
Morchella punctipes Peck 영어이름 갓이 대에 반만 붙어 있다 하여 Half-free Morel =*Morchella semilibera* DC(유럽종 이름)

식이나 물, 작업환경, 토양에 노출됨으로써 전 세계적으로 지금 여러 종류의 암과 질병의 원인이 되고 있다.

    잘 아시는 대로 납과 비소는 인간에게 해로운 중금속이다. 많은 양에 단기 노출되거나 장기 노출될 경우 두 경우 다 중독되는 해로운 물질이다. 또 유기 또는 무기 형태의 납이나 비소 역시 둘 다 위해물질이다. 비소에 노출 중독되면 위장, 신장, 심장, 신경병을 일으킨다. 장기 노출될 경우 피부, 방광, 폐암의 원인이 된다. 어린이가 납이나 비소에 장기 노출되면 지능지수(IQ)가 낮아진다. 납에 노출되는 것은 흡입하거나 음식을 통하여 또는 피부접촉에 의하여 이루어진다. 무기 형태의 납 95%가 납 오염 지역에서 몸을 통하여 또는 호흡을 통하여 중독된다. 납 중독은 혈액, 위장, 신장, 신경계, 생식계 등 인간의 모든 장기에 영향을 미친다. 어린이의 경우 신체, 신경, 발육장애를 일으킨다.

과거 사과 과수원에서 비산납 살충제를 많이 사용하였기 때문에 대체로 납과 비소 같은 중금속으로 오염되어 있다. 옛 사과 과수원의 중금속 오염이 일반 대중의 관심을 끌게 된 것은 비교적 최근 일이다. 기형아 출산이 잦은 지역을 조사해 본 결과 그곳이 과거 과수원 지역이었고 비산납 살충제로 심각하게 오염된 것을 발견하게 된 것이다. 중금속의 위험을 인식하여 과수원에서 비산납 살포를 금지한 것은 1988년의 일이다. 비산납에 함유된 비소는 토양 속에서 해체되지 않고 곰보버섯이 많이 돋는 옛 사과 과수원 토양 속에 지금까지도 남아 있다.

"포도나무가 시들었고 무화과나무가 말랐으며 석류나무와 대추나무와 사과나무와 밭의 모든 나무가 다 시들었으니 이러므로 사람의 즐거움이 말랐도다"(요엘 1:12)

※ 다음 지구 다시 살리기에 대한 내용은 Paul Stamets, *Mycelium Running: How Mushroom Can Help Save the World*, Berkeley/Toronto: Tem Speed Press, 2005에서 발췌 요약한 것이다.

대림절, 넷째 주

대림 4주 주일

버섯을 이용하여 독극물 걸러내기
- 마이코여과법(Mycofiltration)

자연산 **팽이버섯**
Flammulina velutipes (Fries) Karsten 영어이름 Velvet Foot 눈이 내려도 돋는 추운 기후(낮은 온도)를 좋아하는 버섯이기 때문에 더운 기온에서 불안정한 독극물을 낮은 기온에서 제거하는 버섯으로 활용할 수 있다. 뿐만 아니라 열에 민감한 폭발물을 제거하는 일에도 사용할 수 있다.

현미경으로나 보아야 잘 보이는 세포들 가운데 버섯이나 균류의 균사체(mycelium)가 있는데 바로 이 균사체의 열매라고 할 수 있는 것이 버섯이라는 자실체이다. 균사체가 식물이나 동물이 만들어 내는 찌꺼기를 분해하는 과정에서 탄소, 질소와 기타 원소들을 재활용하여 비옥한 흙을 만들어 내는 것이다. 이러한 균사체의 소화력 또는 분해력을 극대화하여 하상(河床 streambed)의 모래보다 곱고 진흙보다 거친 침적토(침니 沈泥 silt)를 줄이고 농공업용 폐수를 여과하여 거기서 나오는 병원체를 잡아낸다(mycofiltration).

한마디로 마이코여과법이란 버섯을 이용하여 독극물 여과하기, 다시 말하면 박테리아와 같은 미생물이나 오염물질과 침니(沈泥)를 여과하기 위하여 버섯의 균사체를 얇은 막으로 사용하는 것을 말한다. 균사체를 혼화(混和)한 생태환경은 하천 미립물질의 흐름을 격감하고 침식을 완화하며 박테리아와 원생동물을 여과해 주고 토양 속으로 물의 흐름을 조절해 준다.

이 실같이 가는 균사 필라멘트들이 세포망 역할을 하여 아주 작은 소립자도 잡아내고 경우에 따라서는 삭혀버린다. 기질(基質. 효소의 작용을 받는 물질. substrate)을 삭힐 때 미세한 동공을 형성하고 공기나 물을 채워 광범위한 표면에 부력이 있는 호기성 기반(buoyant, aerobic infrastructure)을 조성한다. 유기질 부스러기가 풍부한 흘러넘치는 물은 세포망을 통과하여 걸러지고 정화된다. 물이 흐르지 않을 때 균사체는 뻗어가는 손가락 같은 세포를 통하여 멀리서 가져오는 습기의 통로가 된다.

이 마이코여과법은 여러 면으로 활용할 수 있는데 마이코여과막(mycofiltration membrane)은 단세포로 된 원생동물(protoza), 박테리아, 바이러스를 포함한 병원체는 물론 침니와 화학적 독극물을 걸러낼 수 있다. 그리고 마이코 여과막은 농장, 교외, 도시지역, 두 강이 분기하는 유역, 공장, 도로, 파헤쳐진 영양을 상실한 생태환경에 설

먹물버섯

Coprinus comatus (O. F. Mueller) Persoon 영어이름 Shaggy Mane, Inky Cap, Lawyer's Wig 비소나 수은 같은 중금속을 흡수 축적하고 카드미움 성분을 줄여 주기도 한다. 거기다가 먹물버섯의 항균성이 다양한 균류의 침범을 막아주기 때문에 아주 훌륭한 생태환경 완충 방패막이(habitat buffer) 역할에다가 폐기물 분해자(waste decomposer) 및 환경지표생물(environmental indicator) 소임을 담당하고 있다.

먹물버섯이 생을 다하여 처절하게 피를 흘리듯 먹물이 흘러내리고 있다. 빗물에 먹물이 씻겨 흘러가면 포자를 퍼뜨린다. 옛날에는 실제로 이 먹물을 잉크로 이용하였다.

치함으로써 아래와 같은 유기질 부스러기들을 활용할 수 있게 된다.

즉 산림에서 나오는 잡목, 나뭇가지 친 것, 갈아낸 나무 조각들 (wood chips), 펄프, 제지공장에서 나오는 각종 섬유소, 카드보드, 폐지 및 도시 농촌 재활용센터에서 나오는 폐기물들, 농장에서 나오는 짚, 옥수숫대, 솜나무, 커피 찌꺼기, 양조장에서 나오는 각종 곡물 찌꺼기와 산업장에서 나오는 각종 유기질 폐기물 등등이다.

"악에게 지지 말고 선으로 악을 이기라 (버섯으로 독극물을 이기라)"

(로마서 12 : 21)

 **나의 한 줄 기도**

대림 4주 월요일

버섯으로 산림 공동체 유지하기
– 마이코산림관리(Mycoforestry)

잎새버섯
Grifola frondosa (Dicks.) Gray 영어이름 Hen of the Woods 백색부후균인 잎새버섯은 맛 좋은 식용버섯이자 약용버섯이기도 하며 특히 목질소와 독극물 등 오염물질을 분해할 수 있다.

버섯, 다시 말하면 균류(fungi)가 없다면 삼림도 없다. 균사체의 소화력 또는 분해력을 극대화하여 산림이나 과수원, 또는 채마밭의 건강성을 증진시키는 마이코산림관리란 산림 공동체를 유지하기 위하여 버섯을 이용하는 것이다. 마이코산림관리는 다음과 같은 목적을 달성하기 위한 것이다.

* 토종 삼림을 보존하기 위하여
* 숲에서 나오는 모든 부스러기들을 재활용하고 숲을 회복하기 위하여
* 다시 옮겨 심은 나무들을 건강하게 자라게 하기 위하여
* 생태계의 지속성을 강화하기 위하여
* 실용식물의 다양성(economic diversity)을 확보하기 위하여

마이코산림관리는 산불을 방지하기 위하여 버섯을 이용한다. 산불방지책으로 솎아 낸 나무를 이용하여 버섯을 재배하고, 버섯 재배에 사용하였던 나무나 그 부산물들은 부드러워 가축사료나 지렁이를 기르는 일에 다시 사용할 수 있다.

그뿐만 아니라 마이코여과법을 함께 사용하여 버려진 벌목 운반용 도로들을 변형하여 폭우가 쏟아질 때 마구 흘러내리는 침니를 막을 수도 있다. 무너진 길 주변에 나무 조각을 뿌려서 버섯의 균사가 뻗어가게 하여 침식과 사태를 막을 수도 있다.

"너희가 어떤 성읍을 오랫동안 에워싸고 그 성읍을 쳐서 점령하려 할 때에도 도끼를 둘러 그 곳의 나무를 찍어내지 말라 이는 너희가 먹을 것이 될 것임이니 찍지 말라 들의 수목이 사람이냐 너희가 어찌 그것을 에워싸겠느냐 다만 과목이 아닌 수목은 찍어내어 너희와 싸우는 그 성읍을 치는 기구를 만들어 그 성읍을 함락시킬 때까지 쓸지니

라"(신명기 20:19-20)

"들의 모든 나무가 나 여호와는 높은 나무를 낮추고 낮은 나무를 높이며 푸른 나무를 말리고 마른 나무를 무성하게 하는 줄 알리라 나 여호와는 말하고 이루느니라 하라"(에스겔 17:24)

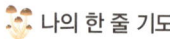 나의 한 줄 기도

잔나비불로초
Ganoderma applanatum (Pers.) Pat. 포자가 나오는 관공 부분이 흰색일 때 그림을 그려 넣어 집 장식용으로 사용할 수 있기에 영어이름이 Artist's Conk이다. 죽은 활엽수에 돋는 백색부후균으로 약용버섯이다. 흔히 구름송편버섯과 함께 돋아 이 두 종류의 버섯을 가지고 독극물로 오염된 목질이 풍부한 지역을 정화하는 일에 활용할 수 있다.

대림 4주 화요일

버섯으로 독극물과 오염물질 분해하기
– 마이코치료법(Mycoremediation)

덕다리버섯
Laetiporus sulphureus (Bull.) Murrill 영어이름 Sulfur Tuft, Chicken of the Wood, 또는 Chicken Mushroom 나무에 해로운 다른 기생균 버섯이 퍼지는 것을 방어해 주어 산림보호에 유용하다. 그리고 갈색부후균인 이 버섯은 부패방지를 위해 화학약품(CCA)으로 처리한 전봇대나 기차선로 침목에도 돋는다. 이 사실은 이 버섯이 분해하기 어려운 화학 독극물을 분해할 수 있는 능력이 있음을 보여준다.

인간은 자기가 만들어 낸 독극물에 익숙한 존재지만 동시에 우리의 환경으로부터 그 독극물들을 제거하는 데는 서툴고 무능한 존재이기도 하다. 2001년 미국 공영교육방송(PBS)의 한 프로그램에서 빌 모이어의 보도에 따르면 자기 피검사 결과 잘 알려진 150종의 산업독극물들 가운데 84종이 검출되었는데, 그 가운데 다수가 발암물질이었다고 한다. 모두가 화학 혁명이 남겨준 유산이었다. 만일 그가 1930년대에 피검사를 했다면 고작 납 정도가 검출되었을 것이다.

불행하게도 이 지구상의 모든 사람도 똑같은 피검사 결과를 보여줄 가능성이 높다. 이러한 추세로 나아가면 환경오염이 증가함에 따라 위험한 화학물질에 노출될 가능성 또한 더 높아질 것이다. 이른바 "환경론자들의 쓸데없는 걱정"이라고 여기던 일이 이제는 의학적으로도 예사로운 일이 되어 버렸다. 한마디로 오염은 살인적 환경병이 되고 만 것이다.

아름다운 주름살을 보여주고 있는 **치마버섯**
Schizophyllum commune Fries 영어이름 Common Split Gill 소화성 효소를 가지고 목질소 분해는 물론 나무 속에 들어 있는 접척성 독극물과 심지어 플라스틱도 분해할 수 있다.

이러한 때에 마이코치료법은 환경으로부터 독극물을 제거하거나 그 농도를 낮추기 위하여 균류(버섯)를 이용하는 것을 말한다. 버섯은 저항성 높은 독극물을 좀 더 단순하고 독성이 덜한 화학물질로 잘게 분해하는 성질을 가지고 있다. 마이코치료는 버섯의 균사체를 오염된 토양 속에 섞어주어 중금속도 제거하는 일에 상당한 희망을 보여주고 있다.

어떤 종류의 버섯이 가지고 있는 강력한 효소는 나무의 주성분인 목질소(ligin)와 섬유소를 삭혀준다. 이 삭임성(소화성) 효소는 또한 놀랍게도 나무속에 들어있는 화학 접착물처럼 접착성이 있는 광범위한 독극물을 분해할 수 있다. 이런 버섯들 가운데 우리가 흔하게 볼 수 있는 것은 갈색부후균인 붉은덕다리버섯(*Laetiporus sulphureus*)과 치마버섯(*Schizophyllum commune*)이 있고, 백색부후균인 느타리버섯(*Pleurotus ostreatus*)과 잎새버섯(*Grifola frondosa*), 구름송편버섯(운지 또는 구름버섯 *Trametes versicolor*), 잔나비불로초(*Ganoderma applanatum*) 등이 그 예이다.

마이코치료법은 버섯을 이용하여 쓰레기 처리장의 독극물오염, 기름유출로 인한 기름오염 토양은 물론 농약오염 토양, 생화학 무기나 탄약 등 폭발물로 인한 화약오염 토양, 질산염오염 지하수 등 여러 독극물을 제거하는 방법인 것이다. 그 밖에도 버섯의 중금속 흡수력을 이용하여 중금속 오염이나 심지어 방사능오염도 제거하는 방법들을 개발 중이라고 한다.

우리는 러시아의 체르노빌에서 발생한 원전 사고로 말미암은 비극적 결과에 대하여 잘 알고 있다. 그 결과가 주변 나라들에까지 미치고 있다. 프랑스 당국은 불가리아에서 수입한 버섯에서 허용량보다 4배나 높은 방사능물질인 세슘(cesium)이 발견되어 모두 압류하였다고 한다. 일본에서도 이탈리아에서 수입한 그물버섯(*Boletus edulis*)에서 역시 그 세슘 함령이 너무 높아 모두 압류 처분하였고 다른 모든 식품도 조사하게 되었다고 한다. 그런데 어떤 종류의 버섯은 카드뮴(cadmium), 수은, 비소, 납, 심지어 세슘 134와 137 같은 핵발전소나 핵무기 산업에서 발생하는 방사능물질을 흡수케 하여 그 오염을 줄일 수 있다.

> "너희는 스스로 씻으며 스스로 깨끗하게 하여 내 목전에서 너희 악한 행실을 버리며 행악을 그치고 선행을 배우라"(이사야 1:16-17)

> "너희는 먼저 안을 깨끗이 하라 그리하면 겉도 깨끗하리라"(마태복음 23:26)

🌼 나의 한 줄 기도

대림 4주 수요일

화학 살충제 대신 해충 통제하기
– 마이코살충법(Mycopesticides)

턱받이포도버섯(이전 이름 독청버섯아재비)
Stropharia rugosoannulata Farl. ex Murrill 영어이름 Wine Cap 생태 환경 복원에 가장 적합한 버섯이다. 독특한 향과 성분을 가지고 여러 종류의 곤충들을 불러올 수 있을 뿐만 아니라 지렁이도 불러들일 수 있다. 그래서 이 버섯은 채소밭이나 하천 주변의 생태 환경을 강화해 주는 중요한 역할을 담당할 수 있다.

마이코살충제의 이로운 점은
* 유독성 화학 살충제 대신 해롭지 않은 효과적인 자연 방법으로 흰개미, 목공 개미, 파리 등을 퇴치할 수 있다는 점.
* 유독성 화학 살충제의 오염으로부터 지하수와 생태계를 보호할 수 있다는 점.

구름송편버섯(운지 또는 구름버섯)
Trametes versicolor (L.) Lloyd 영어이름 Turkey Tail 가장 흔한 이 버섯은 사람도 살리고 지구도 살려주는 귀한 버섯이다. 이 버섯의 균사는 산림에 폐해를 끼치는 기생균인 뽕나무버섯이나 꽃송이버섯의 균사를 압도한다. 그래서 숲 속에 죽은 나무 등걸이나 그루터기에 구름버섯의 종균을 접종함으로써 산림을 해치는 균을 억제할 수 있다. 그뿐만 아니라 나무 부스러기(wood chips)나 톱밥에 구름버섯의 종균을 배양하여 부대에 넣어 오염지역에 여기저기 쌓아 놓아 중금속이나 유해한 화학물질들을 걸러내거나 분해하는 데 사용할 수 있다.

* 퇴치 목표 곤충 이외의 다른 이로운 곤충들을 보호할 수 있다는 점.
* 버섯의 포자가 계속하여 장기적으로 해충들을 물리칠 수 있다는 점.
* 생태계의 다양성을 보존할 수 있다는 점, 등등.

이처럼 버섯을 이용하여 효력 있는 친환경적 방법으로 해충들을 통제함으로써 곤충과 전면 화학전을 펼쳐 이로운 곤충들을 포함한 모든 곤충박멸보다는 지혜 있게 인간에게나 건물이나 환경에 해로운 해충만 집중적으로 통제하여 생태계의 조화를 우선하는 것을 원칙으로 삼을 수 있다.

이미 2005년도 미국 농림성 보도에 따르면 백강균(Beauveria bassiana)이라는 균류(fungus)를 카놀라 기름(canola oil)에 섞어서 메뚜기가 출몰하는 곳에 뿌리면 이 균류 포자가 메뚜기 다리나 그 밖의 기관에 붙어 일주일 안에 메뚜기를 죽인다는 것을 발표하였다. 마찬가지로 *Metarhizium anisopilae* var. *acridum*이라는 균류도 농작물에 큰 피해를 주는 모든 종류의 미국 메뚜기와 귀뚜라미 퇴치에 *Beauveria bassiana* 보다 더 유효하다고 한다. 이처럼 앞으로는 모든 것에 해로운 화학제품보다 자연은 자연이 고치도록 하는 길을 더욱 열심히 찾아 연구해야 할 것으로 보인다.

인간은 단독으로 존재할 수 없다. 반드시 다른 생명체에 의존하여 살아갈 수밖에 없다. 왜냐하면 생물계에서 오직 인간만이 소비자이기 때문이다. 식물들처럼 광합성 작용으로 탄수화물을 만들어 낼 수도 없고, 버섯이나 균류처럼 모든 유기물을 분해하여 다른 식물들이 건강하게 살아가도록 비옥한 토양을 만들어 내지도 못한다. 인간은 버섯이나 식물들이 생산해 낸 것에 의존하여 살아간다. 이러한 소비자일 뿐인 인간이 할 일이란 그 지혜를 사용하여 자연이 자연을 다시 살리도록 돕는 일이다. 그런 일들 가운데 버섯이 지구를 다시 살릴 수 있다는 것은 반가운 소식이다.

"여호와께서 말씀하신즉 황충과 수많은 메뚜기가 몰려와 그들의 땅에 있는 모든 채소를 먹으며 그들의 밭에 있는 열매를 먹었도다"(시편 105:34-35)

나의 한 줄 기도

대림 4주 목요일

토양균류가
기후변화를 막아준다

균근균은 식물 뿌리의 연장이라고 할 수 있다. 이들은 상리상생 관계를 형성한다.
사진출처: bing.com/images

대기 가운데 이산화탄소(CO_2)의 급격한 증가는 기후의 급속한 변화를 가져오고 그 결과로 식량 생산과 생태계의 큰 위협이 되고 있다. 토양은 이러한 기후변화를 조절하는 데 매우 중요한 역할을 담당한다. 토양은 대기권보다 두 배 또는 세 배의 탄소를 저장하고 있다.

    균류라고 하면 우리는 식용 버섯이나 숲속에 돋아난 버섯을 상상할 것이다. 그러나 균근균(mycorrhizal fungi)이라고 부르는 일부

토양 균류는 완전히 땅속에 있고 나무뿌리와 공생 관계를 맺고 있다. 이 균근균은 우리 눈에 보이지 않지만, 기후 변화를 막아주는 전사로서 숲이 이산화탄소(CO2) 오염을 흡수하도록 돕고 지구 온난화의 영향을 지연시키며 지구를 보호해 준다.

이러한 토양 안의 균근균은 식물 뿌리에 균류가 공생하는 형태에 따라 외생균근균과 내생균근균으로 구분하는데, 내생균근균 가운데 나뭇가지처럼 생긴 수지상체(樹枝狀體 arbuscule)를 형성하는 수지상균근균(Arbuscular Mycorrhizal Fungi)이 그 대표적인 균근균이다.

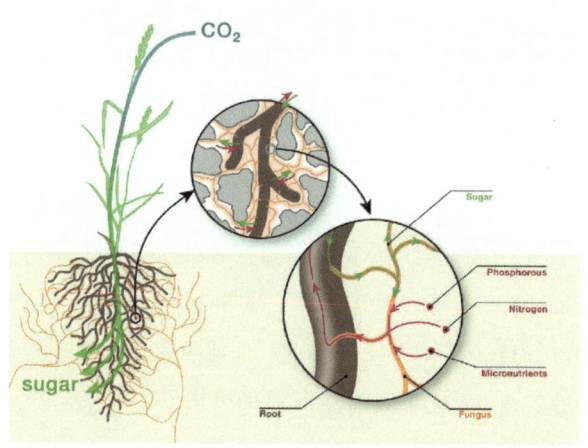

식물뿌리와 균근균 사이의 공생관계에서 균근균은 식물에게 수분, 질소, 인 같은 광물질과 영양분을 공급하고 대신 식물은 균근균에게 당분(sugar)을 공급한다.
사진출처: bing.com/images

이 수지상균근균은 식물의 뿌리와 공생관계를 형성하는 미세 토양 균류로 식물은 주변 토양으로부터 여러 광물질을 포함한 영양분과 수분을 공급하고 대신 식물로부터 수지상균근균은 탄소 즉 탄수화물을 공급받는다. 특별히 수지상균근균은 우리의 중요 농작물과 공생관계를 맺고 있다.

그러면 대기 가운데 급격하게 증가해 가는 이산화탄소를 어떻게 대기 중에서 잡아낼 수 있을까? 여기에 전 세계 광대한 농경지 토양 내부에 있는 수지상균근균을 통하여 흙과 농작물에 탄소를 저장하는 방법이 있다.

수지상균근균과 이와 관련한 토양 미생물들은 끈적끈적한 단백질 글로말린(glomalin)을 생산하고 그 결과 광범위한 탄소 격리와 토양에 탄소를 저장하게 된다. 수지상균근균은 또한 토양으로부터 유기 영양소를 직접 흡수하는 능력을 가지고 있고 스트레스로 가득한 환경 속에서도 순일차 생산성을 높여주고 농작물 생산 가운데 탄소 축적을 크게 증가시킨다.

그러나 인간의 무분별한 개발 활동과 화학비료 남용으로 토양을 오염시킴으로써 숲은 이러한 탄소 보호자인 균근균을 잃어버리고 있고 이 균근균의 손실은 기후 변화를 가속화하게 된다.

그러므로 균근균을 증강하는 토양관리는 흔히 농업 관행에서 볼 수 있는 것보다 훨씬 더 적은 화석 연료를 사용하면서도 식량 생산을 높여준다. 이제 수지상균근균의 활동을 육성하고 토양 속에 탄소를 퇴적하는 것은 실제적이고도 경제적인 것이라는 것을 깊이 인식할 필요가 있다.

> "곳곳에 큰 지진과 기근과 전염병이 있겠고 또 무서운 일과 하늘로부터 큰 징조들이 있으리라"(누가복음 21:11)

🌱 나의 한 줄 기도

대림 4주 금요일

버섯으로
온실가스 배출 줄이기

스코틀랜드에서 선적 컨테이너 안에서 식용버섯을 재배한다.
사진출처: thenational.scot

위키백과에 따르면 온실가스(GHG 또는 GhG)란 지구의 표면에서 우주로 발산하는 적외선 복사열을 흡수 또는 반사하여 지구 표면의 온도를 상승시키는 역할을 하는 특정 기체를 말한다. 지구의 기온이 생물들이 서식하기에 적절한 수준으로 유지되기 위해서는 온실가스의 역할이 중요하다.

    그런데 산업혁명 이후 산업화에서 비롯한 화석 연료의 과도한 사용으로 말미암아 온실가스가 과다하게 되어 지구의 열평형에

변화가 생겨 '지구온난화' 현상을 초래하였다. 환경의 변화로 말미암아 생물종의 생존을 위협하고 멸종을 가져오는 원인이 된다. 특히 우리의 관심사는 이러한 생태적 문제뿐만 아니라 인간의 식량문제와 밀접한 관계가 있다. 작물 재배의 어려움이 생기며, 해수온 상승으로 인한 해양 생태계 변화가 생기게 된다. 또한 폭우와 폭풍, 해일과 홍수, 가뭄과 산불 등의 자연재해로 인간의 생명과 재산의 손실을 가져오게 된다. 그래서 온실가스 배출을 줄이기 위한 많은 노력을 기울이게 되는데 최근 버섯을 이용한 온실가스 줄이기 연구도 진행 중이다.

마술 같은 이야기라고 하겠지만 스코틀랜드에서는 식량 안보를 확보하고 온실가스 배출량을 줄이기 위하여 폐기물(쓰레기) 위에서 자라도록 버섯을 훈련하고 있다. 이 프로젝트는 코로나19로 말미암는 봉쇄 기간에 밭이 없더라도 사람들 스스로 식품을 생산할

▲자연산 **노루궁뎅이버섯**

◀인천 부평구 삼산농산물 도매시장의 재배한 **느타리버섯**

표고버섯 원목 재배. 미국에서는 자연산 표고는 돋지 않는다.

수 있다는 것을 보여주기 위해 시작되었다. 그 결과 에든버러에서 한 달에 버섯 30kg을 생산할 수 있는 버섯 "농장"이 40피트 선적 컨테이너 안에 들어서게 되었다.

지금 이 순간에도 근처 카페에서 가져온 커피 찌꺼기와 목공소에서 가져온 톱밥으로 느타리버섯과 노루궁뎅이버섯을 기르고 있다. 이전에도 이미 기름 유출로 말미암는 오염 지역을 정화하고 쓰레기 매립장에 버릴 수밖에 없었던 플라스틱과 헌 옷을 분해하는 데 버섯을 이용한 바가 있다.

버섯은 균류계의 일원으로 쓰레기를 치우는 역할을 한다. 그 일이 자연에서 버섯이 하는 일이고 분해되어야 할 모든 것에서 아주 쉽게 자란다. 많은 것에서 자라도록 훈련시킬 수 있지만 우선 커피 찌꺼기는 영양이 풍부하고 커피를 만들 때 끓는 물에 이미 소독이 되어 있어서 아주 좋다. 그래서 버섯이 다른 불필요한 균류와 경쟁할 필요가 없기도 하다.

버섯들은 또한 식물과 상호 유익한 관계를 형성하여 토양으로부터 식물 뿌리로 수분과 영양분을 전달하고 그 대가로 식물로부터 탄소를 얻는 것이다. 만일 사람들이 좀 더 균류처럼 행동한다면 지구를 구하는 데 도움이 될 수 있다.

무슨 말이냐 하면 모든 생명체들을 한데 엮어 영양을 공급해 주는 균류연결망은 우리가 개인 이익을 위해 서로를 착취하지 않고 상호 협력하면서 살고 일하도록 영감을 주고 있다.

"그 땅에 기근이 들었으므로 아브람이 애굽에 거류하려고 그리로 내려갔으니 이는 그 땅에 기근이 심하였음이라"(창세기 12:10)

"그들이 다시는 주리지도 아니하며 목마르지도 아니하고 해나 아무 뜨거운 기운에 상하지도 아니하리니"(요한계시록 7:16)

나의 한 줄 기도

대림 4주 토요일

무지개색 천연염료용 야생버섯들

해면버섯
Phaeolus schweinitzii (Fr.) Patt. 동물성 섬유에 천연염색용으로 좋은 버섯이라 하여 영어이름은 Dyers Polypore라고 한다. 침엽수 밑에 돋는 부생균이자 기생균이기도 하다. 우리 집 앞 스트로브 잣나무(White Pine) 밑에도 돋는다.

최근 환경문제에 민감한 사람들이 우리의 문화생활 전반에 걸친 재반성과 더불어 화학 시대 이전의 옛날 생활 방식으로 되돌아가려는 움직임이 눈에 띄게 분명해지고 있다. 농촌은 물론 도시에서조차 공간만 있으면 가정에서 채소를 재배한다든지, 음식에 맛을 내는 일에도 화학조미료 대신 천연조미료를 개발해 내고 있다. 거기다가 산야초 가운데 식용할 수 있는 것이나 약용으로 사용할 수 있는 것들에 대한 관심은 물론 우리 자연농업에서는 해충방제와 비료에 활용하고 있다. 그뿐만 아니라 자연 만물에 감추어진 아름다움과 신비를 찾아 모든 생물, 미생물, 무생물에 이르기까지 그 관심이 확대되고 있다.

이러한 관심은 모두가 환경문제와 맞물려 인류의 생존 건강과 땅의 건강마저 돌보고 보전해야 한다는 자각을 낳고 있다. 그러한 관심들 가운데 황토는 물론 식물의 잎이나 줄기 또는 껍질과 뿌리와 열매에서 여러 가지 색소를 끌어내 옷감에 물을 들이는 천연염색에 대한 관심과 실천이 돋보인다. 그렇다면 야생버섯을 천연염료

좀은행잎버섯
Tapinella atrotomentosa (Batsch.) Sutara 대기 우단같이 생겨서 영어이름은 Velvet Foot이다. 위에 소개한 책에 따르면 이 버섯은 매염제에 따라 매염제 없이 회색(gray), 명반(alum)으로 회자색(gray-purple), 크롬(chrome)이나 철(iron)로 올리브색(olive), 주석(tin)으로 청록색(blue-green), 구리(copper)로 흑갈색(blackish brown)으로 염색할 수 있다고 한다.

로 사용할 수는 없는 것일까?

전에도 가끔 버섯도감을 보면 어떤 버섯은 염료로 사용할 수 있다는 것이 적혀 있어서 그렇구나 싶었는데, 2009년 들어 새로운 버섯을 동정하는 가운데 염료로 사용할 수 있는 버섯들이 의외로 그 종류가 많다는 사실을 알고 놀라게 되었다. 인터넷 검색을 통하여 이 분야에 대한 책을 쓰신 분들이 있어서 우선 가장 최근에 나온 책을 주문하였다. Arleen Rainis Bessette & Alan E. Bessette, *The Rainbow Beneath My Feet: A Mushroom Dyer's Field Guide*, Syracuse University Press, 2001. 이 책은 특히 친환경 천연염료와 천연염색에 관심 있는 분들을 위한 버섯도감이다.

야생버섯을 천연염료로 이용할 수 있지 않을까 하여 관심을 갖게 된 경위는 이러하다. 1970년대 초 미리암 라이스(Miriam C. Rice)라는 여성이 이 분야에 처음으로 관심을 가지고 실험한 결과를 책에 담아 1974년 *Let's Try Mushrooms for Color*라는 제목으로 출판하였다. 이 분야의 개척자였던 라이스는 계속 좀 더 깊게 연구하여 1980년에 다시 *Mushrooms for Color*라는 책을 내었다.

미리암 라이스는 버섯을 이용한 천연염색에만 관심이 있는 것이 아니라 미술 교사답게 버섯으로 친환경 종이를 만들고 또 그림 물감은 물론 크레용이나 크레파스를 만들어 사용하는 방법도 일러 주고 있다. 그래서 이 글을 쓰는 사람도 이분의 지시대로 직접 버섯으로 종이를 만들어 버섯으로 만든 그림물감으로 그림을 실제로 그

이 글을 쓰는 사람이 버섯으로 만든 종이 위에 버섯으로 만든 그림물감으로 그림을 그려 보았다.

려 보기도 하였다.

세월이 흘러 야생버섯을 천연염료로 사용할 수 있다는 사실에 대한 국제적 관심이 높아지게 되어 마침내 1997년 뉴욕 Paul Smiths 라는 곳에서 제8차 International Fungi & Fibre Symposium이 개최 되기에 이르렀다. 이미 한국에서도 이 분야에 관심을 가지신 분들이 계시고 특히 김정화 선생님 같은 분은 상황버섯과 구름버섯(雲芝)을 이용하여 염색하는 방법을 알려 주고 있다.

    나는 처음에 식용하기 위하여 버섯을 찾아나섰다. 버섯 공부가 계속됨에 따라 차츰 그 신비한 모습에 심취하게 되었고, 이제 새삼 야생버섯이 이토록 아름다운 색깔을 만들어 낼 수 있다는 사실에 또 한 번 놀라게 된다. 야생 버섯 속에 담긴 신비한 비밀이 또 하나 밝혀진 셈이다. 천연염색에 관심을 가지신 분들에게 우리는 친환경적인 삶의 방식이라는 것을 넘어서서 자연물로부터 이처럼 영롱한 많은 아름다운 색깔을 끌어낼 수 있다는 사실에 대하여 경탄과 외경과 감사가 동시에 우러나 무지개색으로 우리를 사로잡게 해 준다는 것에 깊은 경의를 표하지 않을 수 없다.

> * 현재 미국 안의 버섯동호회나 버섯학회 여성회원들은 버섯을 이용한 천연염색에 많은 관심을 가지고 열중하고 있다. 어느 분이시든 관심 있으신 분들은 위에 소개한 책이나 아니면 이 사람이 쓴 "무지개색 천연염료용 야생버섯들"(1과 2)을 참고하시기 바란다.
> https://cafe.naver.com/ilovemushroom/352
> https://cafe.naver.com/ilovemushroom/609

"그 머리 위에 있는 궁창 위에 보좌의 형상이 있는데 그 모양이 남보석

같고 그 보좌의 형상 위에 한 형상이 있어 사람의 모양 같더라 내가 보니 그 허리 위의 모양은 단 쇠 같아서 그 속과 주위가 불 같고 내가 보니 그 허리 아래의 모양도 불 같아서 사방으로 광채가 나며 그 사방 광채의 모양은 비 오는 날 구름에 있는 무지개 같으니 이는 여호와의 영광의 형상의 모양이라 내가 보고 엎드려 말씀하시는 이의 음성을 들으니라"(에스겔 1:26-28)

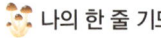 나의 한 줄 기도

버섯관련 쓰임말 풀이

갈색부후(褐色腐朽, brown rot): 버섯처럼 목질 분해균이 목질 섬유소를 분해하여 목질이 갈색을 띠게 되는 것. 흰색을 띠게 되면 백색부후라고 한다.
갓(cap): 버섯의 머리 부분.
고리 또는 턱받이(ring): 보통 알에서 시작하는 버섯이 갓과 대가 돋아 나면서 버섯대(줄기)에 알 속껍질 즉 내피막 일부가 남아서 고리를 형성한 것. 우리가 흔히 먹는 양송이나 뽕나무버섯의 대에 고리가 있다. 특히 광대버섯속 버섯들이 가지고 있는 고리를 턱받이라고 부른다.
관공(管孔, tube): 버섯의 주름살 대신 관 모양의 구멍으로 되어있는 것. 특히 그물버섯이나 다공균 버섯들의 자실층은 관공으로 되어 있다.
균근(菌根, mycorrhiza) **또는 균근균**(菌根菌): 기주식물인 나무나 풀의 뿌리와 버섯이 서로 공생관계를 맺고 공생하면서 균사와 결합한 뿌리가 되는 것 또는 그러한 공생관계를 가진 버섯들을 말한다. 소나무와 송이의 공생관계가 그 대표적이다. 균근에는 버섯을 발생하지 않는 땅속의 내생균근과 땅 밖으로 버섯을 발생하는 외생균근이 있고 또 내외생균근 세 가지가 있다.
균사(菌絲, hypha): 버섯의 뿌리라고 볼 수 있는 균류의 영양 생장기관으로 실 모양의 조직을 말한다.
균사속(菌絲束, rhizomorph): 균사가 모여서 땅 속이나 목재 등 기주 안에 끈 모양으로 길게 뻗어 나간 것. 특히 뽕나무버섯의 경우 버섯 밑동에 긴 균사속이 있다.

균사체(菌絲體, mycelium): 균사들이 모여서 나타난 덩어리. 흔히 버섯 밑동에 하얀색 또는 다른 색깔을 가진 균사체를 볼 수 있다.

균환(菌環, fairy ring): 버섯이 둥글게 동심원을 그리며 발생하거나 줄 모양으로 발생하는 현상을 말한다. 이것은 땅속에 있는 균사가 바깥쪽으로 퍼져 나가면서 그 가장자리 끝에서 많은 버섯들이 돋기 때문에 큰 고리모양을 이루는 것이다.

기주(寄主, host): 버섯이 발생하기 위한 영양을 얻는 물질 가운데 식물이나 동물에 기생할 경우 이를 기주라고 한다.

기질(基質, substrate): 버섯이 자라거나 또는 붙어 있는 물질. 느타리버섯의 기질은 죽은 활엽수 목질이고 송이의 기질은 토양과 소나무뿌리이다.

다공균(多孔菌, polypore): 버섯이 딱딱한 각질의 갓을 가지고 있으면서 밑면이 관공상인 것을 말하며 예를 들면 말굽버섯이나 불로초 같은 버섯을 말한다.

대 또는 줄기(stipe): 버섯의 줄기에 해당하는 부분으로 버섯의 갓이나 머리 부분을 지탱해 준다.

대주머니 또는 외피막 잔존물: 알 껍질을 찢고 버섯이 돋아난 다음 대 밑에 남아 있는 알 겉껍질을 말한다. 특히 광대버섯속 버섯을 동정하는 데 열쇠가 된다.

동충하초(冬蟲夏草, cordyceps): 주로 곤충에 기생하는 자낭균 버섯을 말한다. 겨울에는 벌레이던 것이 여름에는 버섯(풀)으로 변한다는 뜻에서 붙은 이름이다.

부생균(腐生菌, saprobic mushroom): 느타리버섯처럼 죽은 나무나 썩어가고 있는 유기질에서 돋는 버섯을 말한다.

자실체(子實體, fruit body): 돋아난 버섯, 즉 버섯균의 영양균사가 생장한 뒤 분화하여 생식기관인 버섯을 형성한 것을 말한다. 말하자면 자실체는 과일나무의 열매에 해당한다고 볼 수 있다.

자실층(子實層, hymenium): 일반적으로 버섯의 주름살, 관공, 침상돌기, 자낭반 표면 등 포자를 형성하는 곳을 말한다.

활물기생(活物寄生, parasite) **또는 기생균**(寄生菌): 버섯이 살아있는 식물체나 동물체에 기생하면서 영양을 섭취하는 일이나 그러한 버섯을 말한다.

생태정의 6원칙
(Six Ecojustice Principles)

1. 본래 고유가치 원칙(The Principle of Intrinsic Worth)

온 우주와 지구 안에 있는 모든 존재는 그 자체 안에 본래 정체성과 고유의 가치를 지니고 있다. 인간의 삶에 실리적인 유익을 주기 때문에, 또는 신(조물주)의 손길을 보여주기 때문에 가치가 있는 것이 아니다. 생태계의 복합체인 전 지구와 그 지구를 구성하는 바위로부터 무지개에 이르기까지 생물 무생물을 막론하고 우주 안의 모든 존재는 생태계의 구성체이기 때문에 그 가치를 가지고 있는 것이다.

2. 상호연결 원칙(The Principle of Interconnectedness)

지구는 생존을 위하여 상호의존하고 상호연결 된 생물체들의 공동체이다. 지구는 자연법칙에 따라 통제받는 독립한 부분들로 이루어진 기계적 구조물이 아니다. 지구 안의 모든 생물종과 그 생물종의 구성원들은 상호관계의 복합적인 연결망 안에 상호연결 되어있다. 그러므로 인간도 단지 그 지구 공동체의 일원일 뿐이다.

3. 목소리 원칙(The Principle of Voice)

지구는 경축할 때는 물론 불의에 대항할 때에도 그 목소리를 높일 수 있는 주체이다. 지구는 생물학적으로 영적으로 살아 있는 주체 또는 실체(living entity)이다. 살아 있는 유기체이자 주체이지 엄격한 법칙으로 다스림 받는 객체 또는 기계가 아니다. 그러므로 그 자체의 이야기를 가지고 있고 또 목소리를 가지고 있다.

4. 목적 원칙(The Principle of Purpose)
온 우주와 지구와 그 안에 있는 모든 존재는 역동적인 우주적 설계 안에서 한 자리를 차지하고 있고 그 설계의 목적 가운데 한 부분을 담당하고 있다. 지구는 상호작용하는 생태계의 복합체로 짜인 설계 또는 목적에 따라 기능한다. 지구와 지구상의 모든 생물은 우주사건의 우연한 산물이 아니다.

5. 상호 보호관리직 원칙(The Principle of Mutual Custodianship)
지구는 지구 공동체의 다양성과 조화균형을 지속하기 위하여 피차 동반자로서 상호 보호관리직 책임을 감당해야 할 영역이지 지배를 위한 영역이 아니다. 이 원칙의 전통적 청지기직 모델은 지구 공동체 안에서 인간이 담당해야 할 역할을 말해 주지만 여전히 인간 중심적이고 위계질서를 반영하고 있다. 그러나 인간은 단지 지구 공동체의 일원으로 그 한 부분에 지나지 않고 다른 생물종과 생태계와 연결되어 있으며 생존을 위하여 생태계에 의존할 수밖에 없다. 그러므로 보호관리직도 상호 파트너십 안에서 지구 공동체의 다른 보호관리직 담당자들과 더불어 동반자임을 일러줄 뿐이다.

6. 거부저항 원칙(The Principle of Resistance)
지구와 그 안에 존재하는 모든 것은 인간의 손으로 말미암는 불의로 인하여 고통을 당할 뿐만 아니라, 정의를 위한 투쟁에서 인간들의 불의에 적극 거부 저항하고 있다. 땅과 동물들그리고 모든 피조물들이 신음하고 있다.

참고자료 목록

참고도감

박완희, 이지헌 공저, 새로운 한국의 버섯, 서울: 교학사, 2011.
박완희, 이호득 공저, 한국 약용·버섯도감, 서울: 교학사, 2003(재판).
성재모, 한국의 동충하초, 서울: 교학사, 1996.
이태수 편저, 식용, 약용, 독버섯과 한국버섯 목록, 한택식물원, 2016.

Alan E. Bessette, William C. Roody, & Arleen R. Bessette, *Boletes of Eastern North America*, Syracuse University Press, 2016.

Alan E. Bessette, et. al., *Milk Mushrooms of North America*: A Field Identification Guide to the Genus *Lactarius*, Syracuse University Press, 2009.

Alan E. Bessette, William C. Roody, Walter E. Sturgeon, and Arlene R. Bessette, *Waxcap Mushrooms of Eastern North America*, Syracuse University Press, 2012.

Alan E. Bessette, Arlene R. Bessette, William C. Roody, and Steven A. Trudell, *Tricholomas of North America: A Mushroom Field Guide*, Austin: University of Texas Press, 2013.

Alan E. Bessette, Arleen R. Bessette, & Michael W. Hopping, *A Field Guide to the Mushrooms of the Carolinas*, The University of North Carolina Press, 2018.

Arleen Rainis Bessette & Alan E. Bessette, *The Rainbow Beneath My Feet: A Mush-

room Dyer's Field Guide, Syracuse University Press, 2001.

David Arora, *Mushrooms Demystified; A Complete Guide to Fleshy Fungi,* Berkeley: Ten Speed Press, 1986(2nd Ed.).

Elio Schaechter, *In the Company of Mushrooms: A Biologist Tale*, Harvard University Press, 1977.

George Barron, *Mushrooms of Northeastern North America*, 1999.

D.E. Binion, et.al., *Macrofungi Associated with Oaks of Eastern North America*, 2008.

Denis R. Benjamin, *Mushrooms: Poisons and Panaceas*, 1995.

Gary H. Lincoff, *The Audubon Society Field Guide to North American Mushrooms*, New York: Alfred A. Knopf, 1981.

Miriam C. Rice, *Mushrooms for Dyes, Paper, Pigments and Myco-Stix*, Mushrooms for Color Press, 2007.

Paul Stamets, *Mycelium Running: How Mushroom Can Help Save the World*, Berkeley/Toronto: Ten Speed Press, 2005.

Robert Rogers, *The Fungal Pharmacy: The Complete Guide to Medicinal Mushrooms and Lichens of North America*, Berkeley, Calif.: North Atlantic Press, 2011.

Robert Rogers & J. Duane Sept, *Medicinal Mushrooms of Western North America*, Calypso publishing, 2020.

Timothy J, Baroni, *Mushrooms of the Northeastern United States and Eastern Canada*, Portland, Oregon, Timber Press, 2017.

Todd F. Elliott & Steven L. Stephenson, *Mushrooms of the Southeast*, Portland, Oregon, Timber Press, 2018.

Walter E. Sturgeon, *Appalachian Mushrooms: A Field Guide*, Ohio University Press, 1918.

William C Roody, *Mushrooms of West Virginia and the Central Appalachians,* 2003.

정기간행물

Fungi. Richfield, Wisconsin(Quarterly plus a Special Issue).

Mushroom: The Journal of Wild Mushroom(Quarterly). Chicago, Il.

The Mycophile. Newsletter of the North American Mycological Association, Oakland, CA.

McIlvainea: Journal of American Amateur Mycology. A Publication of the North American Mycological Association, Oakland, CA.

NJMA News. The Official Newsletter of the New Jersey Mycological Association (Bimonthly).

버섯 웹사이트 소개

www.MushroomExpert.com 800여 종의 버섯을 검색할 수 있다.
그 밖에도 google 검색에서도 버섯 정보를 얻을 수 있다.

"생태정의의 6원칙"에 대해서는 Norman C. Habel, 〈*Reading from the Perspective of Earth*〉, The Earth Bible Volume One, Sheffield Academic Press, 2000, p. 24. / 노먼 C 하벨 "생태비평" (박혜경 옮김), 스티브L 매킨지, 존 캘트너 편집(유연희 외 옮김) 〈최근 성서비평 방법론과 그 적용〉 한국기독교연구소, 2023, p.91.

'기독교환경교육센터 살림' 소개

창조신앙에 기반한 생태리더십을 개발하고, 교회와 지역사회를 푸르게 하는 환경선교기관(비영리민간단체)입니다. 환경 선교와 교육을 컨설팅할 뿐 아니라 다양한 교육과 워크숍, 커뮤니티 활동을 지원합니다.

함께 하는 개인·교회와 더불어, '모두가 골고루 풍성히 누리는 삶(요 10:10)!' 하나님이 보시기에 참 좋은 하늘나라의 삶을 이 땅에서 함께 살아내기 위해 노력하고 있습니다. 창조세계 안에 머무는 것을 소중히 여기며, 신음하는 생명의 소리에 예민하게 귀 기울임으로 이 땅을 함께 가꾸고 돌보고자 합니다.

주요 사업

- 탄소중립 기후교회(녹색교회) 만들기(자가진단지 보급 및 컨설팅, 워크숍)
- 제로웨이스트(플라스틱프리 교회 및 카페/ 걷기&줍기) 및 기후중보기도 캠페인(기후증인 되기)
- 경건한 40일(7주간) 탄소금식 등 신앙의 절기에 맞춘 실천 캠페인
- 환경선교사(성인&유청소년), 온라인 그린스쿨, 지구돌봄서클 등 교육, 녹색교회학교를 위한 교사워크숍 및 지구묵상주일(크리스챤어스아워) 캠페인
- '계절에 말 걸기' & '전환을 위한 일상영성훈련(리트릿)' & '교회숲(정원)' 워크숍 및 조성
- 탄소제로 걷기 및 모두를 위한 '환경살림나눔발전' 캠페인
- #환경 #해시태그 #봉사 인증(1365자원봉사) 캠페인

주소   (031280) 서울 종로구 연지동 135 한국교회100주년기념관 604호
        기독교환경교육센터 살림
전화   070-7756-0226 (팩스 수신시 수동 전환 필요)
Email   ecochrist@hanmail.net
살림 홈페이지   https://eco-christ.com
살림블로그(활동소식) https://eco-christ.tistory.com
살림브런치(글창고)   http://blog.naver.com/ecochrist
네이버밴드   https://band.us/@salim
페이스북 페이지   http://www.facebook.com/ecochrist.salims
카카오톡플러스친구   http://pf.kakao.com/_rmExdC

하나님은 우리를 지구 동산에 두시고 '지키고 돌보라' (창 2:15) 하셨습니다.
'살림'은 교회와 그리스도인들의 회비로 운영됩니다.
재정 후원은 하나님이 만드신 지구와 그 안에 기대어 살아가는
생명이 골고루 풍성한 생명을 누리게 하는 다양한 활동의 중요한 밑거름입니다.

살림 친구(후원)되기 https://online.mrm.or.kr/E5CQi7a
살림 후원계좌(기부금영수증 발급) : 국민 343601-04-121652 재)한빛누리살림

"Christian Save The Earth",
하나님 안에서 모든 생명이 아름답게 공존하기까지 교육하고 실천하겠습니다.